与最聪明的人共同进化

CHEERS

HERE COMES EVERYBODY

反直觉

THINK TWICE

MICHAEL J. MAUBOUSSIN
[美]迈克尔·J. 莫布森 著

刘晓旭 译

浙江教育出版社·杭州

做决策的过程中,你能避开人类直觉上的陷阱吗?

扫码鉴别正版图书
获取您的专属福利

1. (多选题)人们在决策过程中,往往会采用内部视角,只关注具体的任务和手边的信息,忽视外部视角,从而造成决策错误。以下哪些方法有助于避免内部视角的缺陷?( )

A. 选择一个参照类别

B. 评估结果的分布

C. 做出预测

D. 评估预测的可靠性并进行微调

扫码获取全部测试题及答案,
测一测你的反直觉能力

2. (单选题)人们往往认为自己能够用更短的时间、更少的花费完成一项工作,但实际情况并非如此。心理学家将这种现象称为?( )

A. 过度乐观

B. 过度自信

C. 计划谬误

D. 光环效应

3. (多选题)人们在决策时,往往考虑的太少,落入视野狭窄的陷阱。那么,下列哪些做法有助于打开眼界,避免视野狭窄?( )

A. 明确考虑备选方案

B. 寻求异议

C. 写决策日志

D. 避免在情绪极端时做决策

4.（多选题）研究表明，人们在超市选购商品时，往往会受到超市当时播放的音乐的影响，而我们对此却一无所知。这种现象被称为情境控制。那么，下列哪些做法有助于摆脱情境控制？（　　）

A. 意识到所处的情境

B. 先考虑情境，再考虑个人

C. 注意制度性强制力

D. 摆脱惯性的力量

5.（多选题）我们在做决策过程中，以下哪些方法有助于提高决策品质？（　　）

A. 创建决策清单

B. 培养同理心，从他人的角度思考决策

C. 认识到实力和运气的作用

D. 进行事前检验

致阿尔·拉帕波特（Al Rappaport）
您是我的导师、我的好搭档、我的挚友

THINK TWICE
Harnessing the Power of
Counterintuition

目 录

引 言 **聪明反被聪明误** _001

赢家的诅咒 _006
换个思路,让困难的问题变得简单 _008
过程还是结果 _009
聪明人常犯的决策错误 _011

第 1 章 **考虑外部视角,并非每个问题都独一无二** _015

为什么明知成功的概率很小,我还是认为
自己会成功 _024
传闻并不是科学的证据 _026
为什么任务往往难以准时完成 _028

第 2 章 **开放选项,避免视野狭窄** _037

注意所有可能的结果 _041
看似合理的结果不一定是对的 _043
不要以貌取人 _045

有限的观察，不恰当的预测 _047

人们只注意自己想注意的 _048

不恰当的激励会带来糟糕的决策 _057

第 3 章　　利用群体智慧做出决策，不盲目依赖专家 _065

计算葡萄酒价值的方程式 _069

专家不可被替代的 3 个领域 _070

数据比专家更了解你的喜好 _075

群体智慧更适合解决复杂的问题 _077

利用群体智慧也要有所节制 _082

第 4 章　　摆脱情境的控制，我们并没有自己想象中
那么乐观 _089

无意识影响下的决策 _094

音乐会影响你对酒的选择吗 _097

默认选项，助推的作用 _099

我喜欢 X，因此我决定支持 X _102

留心你的周围 _103

拒绝改变是由于惯性的力量 _106

第 5 章　　正确理解复杂系统，部分之和并不能
代表整体 _113

市场观点比个人言论更有意义 _117

部分的变动会给整体带来意想不到的后果 _121

明星代言并不一定会带来预期的效果 _124

目 录

第 6 章 　**视情况而定，正确应对环境** _129

　　理论构建的 3 个阶段 _134
　　波音公司的噩梦 _136
　　最优秀的人不一定会赢 _138
　　对因果关系保持警惕 _142
　　该改变时就要改变 _144

第 7 章 　**洞察临界点，更好地应对相变** _151

　　洞察临界点的存在 _155
　　黑天鹅事件是如何产生的 _158
　　归纳偏差、还原偏差和糟糕的预测 _160

第 8 章 　**均值回归，运气与实力同样重要** _175

　　理解均值回归的关键 _178
　　巨大的成功 = 一些实力 + 很多运气 _180
　　持久的实力与短暂的运气 _184
　　惩罚与奖赏，哪个更有效 _188
　　落入光环效应的陷阱 _189

结　论　**反直觉思考：做出正确决策的 7 个行动建议** _199

　　提高识别错误的意识 _200
　　培养同理心，从他人的角度思考决策 _201
　　认识到实力和运气的作用 _202
　　写决策日志 _203

创建决策清单 _205

进行事前检验 _206

了解未知的事情，考虑最坏的结果 _207

致　谢　　_209

注　释　　_213

参考文献　_240

THINK TWICE
Harnessing the Power of
Counterintuition

引 言

聪明反被聪明误

2008年12月，发生了两件看似不相干的事情。第一件事是心理学教授斯蒂芬·格林斯潘（Stephen Greenspan）的著作《人类轻信行为大赏：为什么我们会上当受骗以及如何避免受骗》（Annals of Gullibility: Why We Get Duped and How to Avoid It）出版了。格林斯潘解释了为什么我们允许别人利用我们，并讨论了为何金融、学术和法律等领域更容易出现骗局。在该书的结尾，他提出了一些避免上当受骗的有用建议。

第二件事是历史上最大的庞氏骗局被曝光。这场由伯纳德·麦道夫（Bernard Madoff）谋划的骗局，令那些毫无戒心的投资者蒙受了600多亿美元的损失。庞氏骗局是这样一种欺诈行为：投资经理使用新投资者的资金来向老投资者支付利息和短期回报。由于没有正当的投资活动，当操纵者找不到更多的新投资者时，骗局就会崩塌。当麦道夫无法满足因金融危机而感到不安的投资者的赎回要求时，他的骗局就被拆穿了。

聪颖而受人尊敬的斯蒂芬·格林斯潘却在麦道夫的庞氏骗局中损失了 30% 的退休积蓄，这颇为讽刺。[1] 写书教人识破骗局的人却成了庞氏骗局的受害者。公平地说，格林斯潘并不认识麦道夫。格林斯潘在一家投资机构进行了投资，该机构将资金转到了这个骗局中。格林斯潘豁达大方地分享了他的故事，并解释了他为什么会被那些看起来好得令人难以置信的投资回报所吸引。

如果要用形容词来描述优秀的决策者，人们通常会选择"富有智慧"和"聪明"这样的词。但历史上有很多例子表明，由于认知错误，聪明的人也会做出糟糕的决策，并造成可怕的后果。来看看下面这些例子。

- 1998 年夏天，美国的一家对冲基金长期资本管理公司（Long-Term Capital Management, LTCM）损失超过了 40 亿美元，只得由银行财团出手相救。在此之前，长期资本管理公司拥有包括两位诺贝尔经济学奖得主在内的资深专业人士，在投资方面都取得了很大的成功。整体而言，这些专业人士组成了世界上最聪明的组织之一，而且他们也是自己基金的大投资者。之所以失败，是因为他们的金融模型没有充分考虑到资产价格的剧烈波动。[2]
- 2003 年 2 月 1 日，美国"哥伦比亚号"航天飞机在返回地球大气层时解体坠毁，7名宇航员全部遇难。美国国家航空航天局（NASA）的工程师一直被认为是世界上最优秀、最聪明的一群人。"哥伦比亚号"航天飞机解体是由于在发射过程中一块隔热泡沫破裂，破坏了航天飞机在重返大气层时保护自身不受热的能力。泡沫碎片的问题并不新鲜，但由于过去并没有发生事故，工程师们就忽视了这个问题。NASA没有考虑碎片带来的风险，而是把没有问题当作一切正常的证据。[3]

- 2008年秋天，冰岛最大的3家银行在几周内接连破产，货币贬值率超过70%，股票市场损失率超过80%。2003年，银行部门私有化后，大型银行的资产从约为冰岛GDP的1倍增加到GDP的近10倍，这是人类历史上银行系统扩张最快的一次。受过良好教育、向来节制的冰岛民众在债务推动下疯狂消费，导致资产价格攀升。虽然每个人都可以为自己的决策找到合理的理由，但对群体而言，这个国家已经跌入了经济悬崖。[4]

没有人一觉醒来就会认为："我今天会做出糟糕的决策。"然而，我们都会做出糟糕的决策。以客观的标准来看，犯极其严重错误的往往是那些非常聪明的人，这的确出人意料。但聪明的人的确会犯重大、愚蠢、后果严重的错误。

多伦多大学心理学家基思·斯坦诺维奇（Keith Stanovich）认为，我们用来判断某个人是否聪明的智商测试，并没有衡量做出高品质决策所需的基本要素。"尽管大多数人会说，理性思考的能力是智力超群的明显标志,"他写道,"但理性思考并不包含在标准的智商测试中。"[5] 思维的灵活性、自省能力和正确校准证据的能力是理性思考的核心,而这些在智商测试中基本上是缺失的。

聪明的人会做出糟糕的决策,因为他们的"心智软件"和普通人的心智软件具有相同的出厂设置,而设计这个软件的初衷并不是应对今时今日的许多问题的。因此,我们的大脑经常希望用默认的方式看待世界,而更好的看待世界的方式则需要一些脑力劳动。比如视觉假象,它是指你感知到的一种图像实际上是完全不同的东西。

除了心智软件的问题之外,聪明的人还会因为持有错误的信念而做出错误的决策。例如,因创造了大侦探福尔摩斯而闻名的阿瑟·柯南·道尔爵士,相信许多形式的唯心论,比如精灵的存在。这些信念阻碍了他进行清晰的思考。要做出好的决策,你必须进行反直觉思考,而这恰恰是我们的大脑不愿意做的事。

关注错误听起来可能令人沮丧,但本书介绍的确实是一个关于机会的故事。机会分两种:第一种是,你可以通过更清晰地思考问题来减少犯错的次数。斯坦诺维奇等人的研究表明,如果你在聪明的人做出决策前,向他们解释他们可能会在某个问题上出错,经过你的指导,他们能更好地解决这个问题。"聪明的人只有在你告诉他们做什么的时候才会表现得更好!"斯坦诺维奇说道。第二种是，你可以看到并利用他人犯的错误。精明的商人都知道，一个人的错误就是另一个人的机会。随着时间的推移，最理性的思考者将获胜。本书就是要识别这些机会。

我将带你学习以下三个步骤。

- **准备**。第一步是心理准备，这一步需要你了解错误。在每一章中，我都会用各种专业领域中的例子讨论一种错误，并用学术研究来解释你犯错误的原因。我还研究了这些错误为什么会造成严重的后果。尽管投资者、商人、医生、律师、政府官员和其他专业人士的初衷是好的，但他们经常搞砸，而且往往会付出极大的代价。
- **识别**。一旦你知道了错误的类别，第二步就是根据情境来识别问题或者叫作情境感知。在这一步，你的目标是认识到你所面临的都是哪些类型的问题，你为什么会有犯错误的风险，以及选择哪些工具是明智之举。错误的产生通常是由于你面对的复杂现实情况和你用来处理复杂问题的简化的思维程序不匹配。难点在于通过动脑将表面上看似不同的领域联系起来。你将看到，跨多学科的方法会对决策制定产生深刻的启发。
- **应用**。第三步也是最重要的一步，那就是尽量避免你可能犯的潜在错误。其目标是建立或完善一套思维工具，以应对生活中的现实情况，就像运动员为比赛培养一整套技能一样。在使用反直觉的方法时，很多技巧都涉及控制直觉。

顺便说一下，我并不是说我可以免受这些认知错误的影响，我仍然会陷入我在书中描述的每一个错误。我的个人目标是，当自己在决策过程中进入危险地带时，能够觉察到危险，并放慢脚步。在恰当的时间找到正确的方法是至关重要的。

赢家的诅咒

像许多金融学讲师一样，我和学生们一起做实验，向他们展示聪明的人在做决策时是如何掉进陷阱的。在一次实验中，我向全班同学展示了一罐硬币，并要求每个人分别对罐内的东西出价。大多数学生的出价低于硬币的实际价值，但也有一些出价远远高于硬币的实际价值。出价最高的人赢得了这罐硬币，但得不偿失。这就是所谓的"赢家的诅咒"（the winner's curse）①。这在公司合并和收购中很重要，因为当公司为了收购一家目标公司而相互竞争时，出价最高的人往往出价过高。这个实验给了学生们第一手的经验，给了赢得拍卖的学生双倍的经验。[6]

为了给这些实验增添趣味性，教师们经常把它变成竞赛的形式，并为表现最好的学生颁发奖品。我在哈佛大学参加了一个为期两天的会议，会议的主题是"投资决策与行为金融学"，其中就有一些这样的竞赛。因为阅读和教学的缘故，我很熟悉这些实验。第一次尝试的时候，我做得并不好，准确率低于平

---

① 拍卖竞标的赢家，其实往往由于出价过高而成为输家，这就是"赢家的诅咒"。——编者注

均水平。但后来我研究了这些规则,练习了如何识别问题,并学会了正确处理问题的技巧。

第一个实验是过度自信的测试。哈佛大学经济学家、桥牌冠军理查德·泽克豪泽(Richard Zeckhauser)给每个参与者一张清单,上面列出了 10 个不常见的事实性问题,例如亚洲象的妊娠期,并询问大家的猜测结果,以及有九成把握确定这个估值比正确答案高还是低。例如,我可能会根据大象的妊娠期比人类长,推断它的妊娠期是 15 个月。我也可能有九成把握认为答案是 12 ~ 18 个月。如果我的能力和我的信心相符,那么正确答案十有八九会落在这个范围内。但事实上,大多数人的正确率只有 40% ~ 60%,这说明他们过度自信。[7]尽管我不知道这 10 个问题的答案,但我知道我可能会在哪里出错,所以调整了最初的估计值。我赢了这场比赛,得到了一本书。

第二个实验展示了纯理性的失败。在这个实验中,著名的行为经济学家、诺贝尔经济学奖得主理查德·塞勒(Richard Thaler)让我们写下 0 ~ 100 的一个整数,谁写下的数字最接近小组平均猜测值的 2/3,谁就能获得奖品。在一个纯理性的世界里,所有参与者都会冷静地进行一番周密的推断,从而得出本实验最合理的答案——0。但游戏真正的挑战在于,要考虑其他参与者的行为。你可以通过猜测 0 来获得智力分,但如果有人选择的数字大于 0,你就无法赢得奖品。顺便说一句,获胜的答案通常是 11 ~ 13。[8]我也赢了这场比赛,还得到了一件T恤。

当塞勒把奖品扔给我时，抱怨道："你不应该得到这个奖品，因为你知道这是怎么回事。"

是的，我确实知道这是怎么回事。这就是重点，也是本书的重点。

换个思路，让困难的问题变得简单

准备和识别是一种新方法，它能让一个棘手问题变得更简单。来看看著名经济学家、计算机科学家赫伯特·西蒙（Herbert Simon）发明的一个叫作"抢15"（Sum-to-Fifteen）的游戏。玩家将编号为1～9的9张纸牌正面朝上放在桌子上，然后2名玩家轮流拿牌，目标是拿到3张纸牌，使牌面上的数字加起来是15。如果你以前从未玩过这个游戏，那你可以试一试。或者让你的朋友或同事试一试，仔细观察他们怎么玩。

这款游戏难度适中，因为你必须记住自己和对手不断变化的数字总和。你必须从进攻的角度思考，拿到3张数字之和等于15的牌，同时又要从防守的角度思考，防止你的对手先于你完成同样的事情。通常，当一名玩家在数字上纠结时，他的对手就会获胜。

现在我使用一个幻方，让游戏变得更简单：

```
    8    3    4

    1    5    9

    6    7    2
```

注意，如果你看垂直、水平或对角线上的这些数字，会发现它们的和都是 15。突然之间，游戏变得非常简单：这是我们童年时期最喜欢的井字游戏，也被称为零字游戏和十字游戏。一旦你把这场游戏理解为井字游戏，获胜的方法就清楚多了。双方平局应该是最坏的情况，而输掉游戏则十分不应该。[9]

大多数人不会自然而然地将自己头脑中的想法与现实世界中的棘手情况相匹配。我们的大脑没有装备从准备到识别的过程。事实上，典型的决策者花在恰当地思考问题和从经验中学习上的时间只占 25%。大多数人把时间花在收集信息上，感觉自己正在推进工作，同时也会让上司觉得自己很勤奋。但是没有情境的信息没什么用。如果你没有正确地理解决策中涉及的挑战，那么这些数据对提高决策的准确性没有任何帮助，实际上还可能会让你产生不该有的自信。[10]

过程还是结果

有 3 个因素决定决策的结果：你如何看待这个问题、你的行动和你的运气。你可以让自己熟悉常见的错误，识别所处的情境，并采取看似正确的行动。但是，从定义上就能看出，运气是你无法控制的，即使它可能决定决策的结果，尤其是在短期内。这一统计事实引出了一个基本问题：你是应该根据做出决策的过程还是决策的结果，来评估决策的品质？

本能的回答是关注结果，因为结果是客观的，可以将胜利者和失败者区分开来。在许多情况下，那些评估决策的人相信一个令人满意的结果恰好证明了过程是好的。虽然这种想法无处不在，但它确实是一种坏习惯。改掉这个习惯能打开一扇大门，让你对做决策有更深入的了解。

我们最具挑战性的决策包含一个不确定的元素，不过那充其量也就是用概率来表示可能的结果。此外，即使信息不完整，我们也必须做出决策。当一个决策涉及概率时，好的决策可能导致坏的结果，而坏的决策可能导致好的结果，至少在一段时间内是如此。例如，假设你正在赌场玩 21 点，你拿到的牌点数加起来是 18。你采取了与标准的 21 点策略完全相反的做法，要求拿牌。庄家发牌，发到你手里的牌是一张 3。这个过程很糟糕，结果却令人满意。标准策略表明，同样的牌打 100 次，平均来说你会输。

在概率环境中，你最好关注做出决策的过程，而不是结果。21 点是一种碰运气的游戏。这意味着你应该尽量遵循能反映拿到正确牌的真实概率的那个规则，也就是说当你拿到 17 点及以上的牌时，不要再要求发牌。但重要的是要记住，由于运气在这个过程中扮演着重要的角色，好的决策并不能保证获得好的结果。如果你做出了一个好的决策，但结果却很糟糕，那就振作起来，掸掉身上的灰尘，准备再来一次。

在评估他人的决策时，你同样最好关注他们的决策过程，而不是结果。很多人的成功在很大程度上是靠运气。通常情况下，他们完全不知道自己是如何做到的。但当命运不再眷顾他们时，他们就会输得一塌糊涂。同样，赌技高超的人经历一段时间手气不佳后通常是最终的赢家，因为随着时间的推移，每个人的手气会逐渐变得差不多。[11]

聪明人常犯的决策错误

这本书的主要读者是投资者和商人，尽管这些概念也与其他专业人士相关。这本书既不是常见错误的调查报告，也不是对一个宏大主题的理论阐述。例如，大多数作品要么专注前景理论（prospect theory）的组成部分，比如损失规避、过度自信、框架效应、锚定效应和确认性偏差（confirmation bias），要么详述了一个重要的观点。[12] 我打算另辟蹊径，我会将我在投资行业的经验与我的心理学和科学知识结合起来，从而选择我认为最有用的概念加以介绍。

本书的每一章都讨论了一个常见的决策错误，阐释了为什么这个错误是严重的，并对如何解决这一问题提出了一些思考。具体地说：

- 第 1 章介绍了我们倾向于把每个问题都看作是从未出现过的，而不是仔细考虑借鉴其他人的经验。这一错误能够解释为什么尽管成功收购的先例并不多，但高管们在收购其他公司时却往往持乐观态度。

- 第 2 章描述了如何应对由于视野狭窄，导致在特定情境下无法考虑其他选择的问题。当我们应该考虑尽可能多的可选方案时，我们的大脑却想减少选项的数量。此外，激励措施可能会鼓励人们做出某些对一个人有利而对另一个人不利的选择。

- 第 3 章表明了我们对专家的盲目依赖。专家们往往了解的领域十分有限，只有在这些领域，当自己的主张和预测遭到质疑时他们能够做出解释。越来越多的人可以通过使用计算机或利用群体智慧，而不是依靠专家来制定决策模型，以便更有效地解决问题。

- 第 4 章强调了情境在决策中的重要作用。尽管我们十分愿意认为自己是客观的，但周围人的行为会对我们的决策产生意想不到的影响。这也说明了为什么我们不应该在没有充分理解他人决策情境的情况下，过早地判断他人的行为。

- 第 5 章探讨了在错误的前提下理解复杂系统的陷阱。试图通过汇总微观行为来理解宏观行为的尝试是失败的，因为总体大于各部分的总和。你不能通过观察一只蚂蚁的行为来了解整个蚁群。这一章还表明，管理一个复杂系统几乎是不可能的，这是美国政府在应对 2007 年至 2009 年的金融危机时吸取的教训。

- 第 6 章告诫人们不要根据原因而不是环境来预测系统的因果

关系。生活中大多数问题的答案都是"视情况而定"。本章探讨了如何思考"视何种情况而定"。
- 第 7 章介绍了相变，在相变中，一个系统的小扰动会导致大的变化。由于相变发生的原因和结果很难确定，所以几乎不可能预测结果。这就是为什么没有人知道下一部热门电影或歌曲会从哪里来。
- 第 8 章讨论了技能和运气在结果中的作用，并强调了均值回归的概念，这个概念经常被误解。例如，体育记者和商业评论员在报道成功和失败的案例时，通常会忽略技能和运气的作用。
- 结论部分总结了如何思考书中讨论的错误的建议。本章还推荐了一些获得决策优势的具体技术，如写决策日志，以及将这些想法付诸实践。

普林斯顿大学心理学家、诺贝尔经济学奖得主丹尼尔·卡尼曼（Daniel Kahneman）[①]曾指出，他对人们在决策过程中表现出的矛盾情绪感到惊讶。[13]虽然人们谈论改进，但很少有人愿意花费时间和金钱去学习，并最终做出改变。在接下来的几章中，我将介绍一些可以帮助你做出更好决策的概念。我希望你在这个过程中也能得到一些乐趣。

---

① 丹尼尔·卡尼曼的最新力作《噪声》介绍了人类判断中除偏差外的另一类错误，即噪声。卡尼曼通过司法判决、医学诊断、企业管理等领域的众多案例，揭示了噪声会造成的严重危害，以及如何减少噪声。该书中文简体字版已由湛庐策划、浙江教育出版社出版。——编者注

我在选择每一章的主题时，依据了以下三个标准：首先，这些问题必须是常见的。当你消化了其中的一些概念后，你就会发现它们无处不在——无论是在你所面临的决策中，还是在其他人的决策中。其次，这些概念必须是可识别的。这些主题并不微妙，你将会看到它们出现在你以前可能没有注意到的地方。最后，与这些主题相关的错误必须是可以预防的。虽然我不能保证你会成功，但我可以帮助你改进做决策的方式。

THINK TWICE

HARNESSING
THE POWER
OF
COUNTERINTUITION

第 1 章
考虑外部视角，并非每个问题
都独一无二

内部视角和外部视角给我们的主要教训是，当决策者倾向于关注独特性时，最好的决策往往来自一致性。我们能够从每天面临的类似情况中得到大量有用的信息，但我们忽视了这些信息，因此给自己造成了损害，关注这些丰富的信息将帮助你做出更有效的决策。

第 1 章　考虑外部视角，并非每个问题都独一无二

"这已经是定局了。"里克·达特罗（Rick Dutrow）这样宣称，他的赛马"大布朗"（Big Brown）有可能在 2008 年夺得令人艳羡的"三冠王"。赢得三冠王可是一项了不起的成就。一匹马必须在短短 5 周内在肯塔基德比（Kentucky Derby）、必利时锦标赛（Preakness Stakes）和贝尔蒙特锦标赛（Belmont Stakes）三条长度不同的赛道上获得冠军，才能夺得三冠王。在大布朗尝试之前，20 世纪只有 11 匹马成功了，而在过去的 30 年里没有一匹马成功，但大布朗离赛马的"永垂不朽"只差一场比赛。[1]

驯马师达特罗有理由保持乐观。他这匹 3 岁的雄马驹不仅在前 5 场的先发中保持不败，而且遥遥领先。尽管赔率制定者认为大布朗赢得肯塔基德比的概率只有 25%，但它最后以领先将近 5 个马身的优势获胜。在必利时锦标赛中，它的实

反直觉　Think Twice

力更强,尽管它的骑师在最后冲刺阶段让它慢了下来,但它仍以领先对手5个多马身的优势冲过终点线。在最后的一场比赛贝尔蒙特锦标赛中,大布朗的竞争者都很平庸,而它最大的挑战者卡西诺大道(Casino Drive)则在比赛前的最后一刻决定退出比赛。

不出所料,人们对大布朗的热情被点燃了。美国联合包裹运送服务公司(UPS)察觉到了商机,在大布朗成名后,签订一项营销协议,在大布朗骑师的夹克上印了公司的标志。大多数赛马场的专业人士都认为它是夺得三冠王的大热门。大布朗自己的表现也令人对它满怀信心。人们对它的描述是:强壮、自信、准备夺冠的马。达特罗滔滔不绝地说:"大布朗处于最佳状态。我在它身上找不到任何瑕疵。我看到了最美好的画面。我非常有信心,它让人难以置信。"[2] 赛马迷们对此也表示赞同,尽管天气闷热,但贝尔蒙特锦标赛的观众人数是2007年的两倍,因为观众们渴望见证历史被创造。

好吧,大布朗创造了历史,但并不是每个人都期待的那种历史:它以最后一名的成绩完成了比赛,从来没有三冠王的竞争者表现得如此糟糕。[3]

赛后,兽医给大布朗做了全面体检,它看起来很好。它反复无常的表现唤起了实验室研究人员所说的"哈佛定律":即使在压力、温度、体积、湿度和其他变量都受到最严格控制的条件下,有机体仍会随心所欲地活动。[4]

第 1 章 考虑外部视角，并非每个问题都独一无二

然而，人们还可以从另一个角度看待大布朗赢得三冠王的可能性，这个角度对位列赛马之神的前景并不那么乐观。这就提出了一个简单的问题：如果把其他马放在大布朗的位置上，它们会有什么样的表现呢？

才华横溢的作家兼著名赛马评磅员（handicapper）[①]史蒂文·克里斯特（Steven Crist）提供了一些发人深省的数据。[5] 在赢得肯塔基德比和必利时锦标赛之后，有机会夺得三冠王的 29 匹马中，只有 11 匹获胜，成功率不到 40%。但是，仔细分析这些统计数据，就会发现 1950 年前后的显著差异。1950 年之前，9 匹马中有 8 匹成功赢得了三冠王。1950 年后，20 匹马中只有 3 匹获胜。成功率从近 90% 下降到只有 15% 的原因很难确定，但合理的因素包括更好的育种手段繁育出了更多优质的马驹，因此这些马驹拥有更高的起点。

虽然 15% 的成功率可能会引起一些担忧，但这并没有考虑到大布朗与生俱来的能力和令人印象深刻的成就。毕竟，并不是所有有望赢得三冠王的马都有类似的天赋。判断马匹能力的一个指标是"拜尔速度数字"（Beyer Speed Figure），也就是在给定天气条件下，根据比赛时间和赛道速度，就马匹的表现给出一个数值。速度越快，马匹的能力越强。

[①] 在赛马比赛前为每一匹赛马进行评磅的人。评磅员依据马匹以往的比赛表现，给赛马附加不同重量的铅块，马匹以往的表现越好，负重越多。——编者注

表1-1显示了三冠大赛前两场中包括大布朗在内的最近7名竞争者的拜尔速度数字。这个样本之所以很小，是因为速度数字从1991年才开始在较大的范围内收集。虽然大布朗骑师的行为（人为地降低了它的速度）可能使它在必利时锦标赛上的数值略微减少，但与其他马相比，它仍然遥遥领先。即使在贝尔蒙特锦标赛中，大布朗的对手资质平平，但很明显，大布朗也并不一定会赢。然而，投注者们欢欣鼓舞地以3∶10的赔率为大布朗投注，这个赔率意味着它有超过75%的概率赢得最后一场比赛。但克里斯特和其他敏锐的评磅员有起码的常识，他们意识到赌金计算器严重高估了大布朗的胜算。

表1-1　三冠王竞争者的拜尔速度数字

马匹	肯塔基德比	必利时锦标赛	总数值
银魅（Silver Charm）	115	118	233
机灵琼斯（Smarty Jones）	107	118	225
趣先达（Funny Cide）	109	114	223
战符（War Emblem）	114	109	223
深静（Real Quiet）	107	111	218
超魅（Charismatic）	108	107	215
大布朗（Big Brown）	109	100	209

资料来源：史蒂文·克里斯特。

这些对立的观点揭示了第一个错误，即人们倾向于采用内部视角而不是外部视角去看待问题。[6]内部视角在考虑问题时的关注点是具体的任务和手边的信息，并根据独立的、无法同其他事件产生关联的方式利用这些信息做出预测。这些信息可能包括趣闻轶事和错误的看法。这是大多数人在构建未来模型时使用的方法，也确实是做各种形式的计划时普遍采用的方法。里克·达特罗和其他大布朗的粉丝主要采用的是内部视角，包括大布朗取得的胜利和威风的外表。这可以理解，但这种观点往往会把情况描绘得过于乐观。

持外部视角的人则是先询问之前是否存在类似的情况，可以为决策提供统计基础。他们并不认为一个问题是独一无二的，而是想知道其他人是否遇到过类似的问题，如果遇到过的话，是怎么解决的。外部视角是一种反直觉的思考方式，因为它迫使人们把已经收集到的宝贵信息放在一边不用。根据处在同一位置上的其他马匹的经验，赛马评磅员用外部视角判断大布朗是一个非常糟糕的投注对象，赢的概率比赌金计算器表示的概率要低得多。**外部视角通常可以为决策者创建一个非常有价值的真实性检验。**

为什么人们倾向于接受内部视角？我们大多数人在很多时候都过于乐观。社会心理学家分别介绍了三种将人们引向内部视角的错觉。[7] 在介绍第一种错觉之前，请花一点时间用"是"或"否"来如实回答以下问题。

- 我是一名驾驶水平中等偏上的司机。
- 我对幽默的判断能力高于一般人。
- 我的专业表现使我在公司名列中上游。

你是否和大多数人一样，对这3个问题的回答都是肯定的？这代表导致人们采用内部视角的第一种错觉，即优越感错觉，表明人们对自己有一种不切实际的积极看法。当然，并不是每个人的能力都高于平均水平。在1976年的一项经典调查中，美国大学理事会（The College Board）要求高中生受试者根据一系列标准给自己打分。85%的受试者认为自己在与他人相处方面的能力高于平均水平，70%的受试者认为自己的领导力高于平均水平，60%的受试者认为自己的体育能力高于平均水平。另外一项调查显示，超过80%的人认为他们的驾驶技术比半数司机好。[8]

值得注意的是，**能力最差的人在自认为具备的能力和实际能力之间存在的差距往往是最大的。**[9]在一项研究中，研究人员要求受试者对自己的认知能力和在语法测试中取得成功的可能性进行评分。图1-1显示，表现最差的人戏剧性地夸大了自己的能力，认为自己的成绩会排在前1/4（也就是接近最高四分位数的位置）。但结果是他们的成绩排在倒数1/4。此外，即使承认自己的能力低于平均水平，他们也往往会忽视自己的缺点，认为那些是无关紧要的。

第二种错觉是乐观错觉。**大多数人会认为自己的未来比其他人更光明。**例如，研究人员让一些大学生估计他们在生活中经历各种好事和坏事的概率。这些学生认为自己拥有美好经历的可能性远远高于同龄人，而拥有糟糕经历的可能性远远低于同龄人。[10]

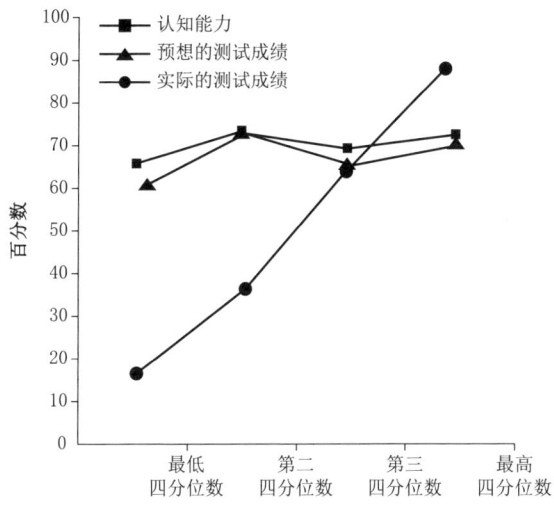

图 1-1 最没有能力的人往往最自信

资料来源：Justin Kruger and David Dunning, "Unskilled and Unaware of It: How Difficulties in Recognizing One's Own Incompetence Lead to Inflated Self-Assessments." *Journal of Personality and Social Psychology* 77, no. 6 (1999): 1121–1134.

第三种错觉是控制错觉。人们表现得好像偶然事件是受他们控制的。想要掷出较小的点数时，他们会轻轻地掷骰子；想要掷出较大的点数时，他们会用力地掷骰子。在一项研究中，研究人员要求两组办公室职员参加抽奖，抽奖券的价格为1美元，奖金为50美元。其中一组职员可以选择抽奖券，另一组则不能选择。当然，运气决定了获胜的可能性，但职员们的行为表现却并非如此。

抽奖之前，一名研究人员问参与者，他们愿意以什么样的价格出售自己的抽奖券。可以选择抽奖券的那一组平均出价接近9美元，而不能选择抽奖券的那一组平均出价低于2美元。相信自己有控制力的人会觉得自己成功的概率比实际情况要高，而没有掌控感的人则不会出现这样的偏差。[11]

我必须承认，作为积极的资金管理者，我的职业可能是专业领域中控制错觉的最好例子之一。研究人员发现，总体而言，每一家投资公司都承认，长期以来，积极构建投资组合的基金经理的回报率都低于市场指数。[12] 原因很简单：市场竞争非常激烈，基金经理收取的费用会降低回报率。市场也有很大的随机性，它确保所有投资者都能时不时地看到好的和坏的结果。尽管有这些证据，但积极的基金经理表现得好像他们可以对抗这种随机性，从而获得战胜市场的回报一样。这些投资公司依赖内部视角来证明其策略和费用的合理性。

为什么明知成功的概率很小，我还是认为自己会成功

大量的专业人士通常依靠内部视角来做出重要的决策，但结果很糟糕。这并不是说这些决策者疏忽大意、天真幼稚或是恶意为之。在上述三种错觉的鼓舞下，大多数人相信他们正在做出正确的决策，并相信最后的结果将会是令人满意的。既然你已经意识到了内部视角和外部视角的区别，你就可以更仔细地衡量自己的决策和他人的决策。我们来看一些例子。

企业并购向来是一项价值数万亿美元的全球业务。一些

企业花费大量的资金来识别、收购和整合其他企业，以获得战略优势。毫无疑问，收购方企业在进行交易时做了最好的打算。

问题是，大多数交易并没有为收购方的股东创造价值，平均而言，被收购公司的股东收益反而都不错。事实上，研究人员估计，当一家公司收购另一家公司时，收购方的股价大约有2/3的时间在下跌。[13]考虑到大多数经理人都有一个明确的增值目标，而且他们的薪酬往往与股价挂钩，你会发现并购市场的活力似乎有点出人意料。原因是，尽管大多数高管认识到总体并购记录并不好，但他们相信自己可以战胜不好的概率。

2008年7月，陶氏化学（Dow Chemical）同意收购罗门哈斯（Rohm and Haas）后，陶氏化学首席执行官这样描述罗门哈斯："一栋高品质的海滨房产。"陶氏化学没有被竞购战吓倒，因此它不得不支付74%的溢价。首席执行官宣布这笔交易"是陶氏成为一家盈利增长公司的决定性一步"。[14]陶氏化学管理层的热情体现出了内部视角的所有特征。收购完成的消息一经宣布，陶氏化学的股价暴跌了4%，这使得由于收购造成的损失进一步增加。

基础数学解释了为什么大多数公司在收购另一家公司时没有增加价值。对买方而言，价值的变化等于两家公司合并带来的现金流增加（协同效应）与收购者支付的高于市场价值的金额（溢价）之间的差额。公司希望自己得到的比支付的多。因此，如果协同效应超过了溢价，收购方的股票价格就会上涨，否则，其股票价格就会下跌。陶氏化学自己公布的数据显示，在它的这次并购中，协同效应的价值低于溢价，因此它的股票价格下跌。抛开这些华丽的言辞不谈，这些数据对陶氏化学的股东而言是不利的。[15]

传闻并不是科学的证据

在写作本书的几年前，我父亲被诊断出癌症晚期。化疗失败后，他基本上别无选择了。一天，他打电话来征求我的意见。他在杂志上看到了一则关于一种癌症替代疗法的广告，声称这种疗法取得了近乎奇迹般的疗效，并且指向了一个充满溢美之词的网站。如果他把信息发给我，我会告诉他我的想法吗？

对这则广告的调查工作没花多长时间。没有哪项精心设计的研究表明这种方法的疗效，而支持这种方法的证据只不过是一些奇闻轶事。当父亲再次打来电话时，我能听出他已经拿定了主意。尽管治疗费用高昂并且前往治疗地点十分不便，但他还是想选择这个前景渺茫的选项。当他问我有什么想法时，我告诉他："我试着像科学家一样思考。根据我所看到的一切，我觉得这个疗法是行不通的。"挂断电话后，我感到很难过。我想相信这个故事，使用内部视角去看问题。我希望父亲能恢复健康。但我内心的科学家告诫我要坚持外部视角。即使安慰剂效应的威力巨大，但"希望"也并不是

第 1 章 考虑外部视角，并非每个问题都独一无二

一种策略。

我父亲在那件事发生后不久就去世了，但这段经历迫使我思考人们该如何决定自己的医学治疗。在很长一段时间里，家长式管理模式主导着医患关系。医生会诊断出一种情况，然后选择看起来最适合患者的治疗方法。现在的患者更了解情况，一般都想参与决策。医生和患者经常讨论各种治疗方法的利与弊，并共同选择最佳治疗方法。事实上，研究表明，参与做出这些决策的患者对他们的治疗更满意。

但研究也表明，通常因为没有考虑到外部视角，患者经常做出不符合自己最大利益的选择。[16] 在一项研究中，研究人员向受试者展示了一种虚构的疾病和各种治疗方法。每个受试者可以在两种治疗方法中进行选择。第一种是保守治疗，有效率为 50%。第二种是从 12 个选项中选择一个，其中每个选项都结合了一个虚构的患者治疗成功、治疗未成功也未失败或治疗失败的故事，治疗结果的有效率则是介于 30% 和 90% 之间的 4 个等级。

这些故事产生了巨大影响，淹没了决策过程中的基础比率数据。表 1-2 用数据展示了这个故事。当一种有效率为 90% 的治疗方法与一个治疗失败的案例结合在一起时，只有不到 40% 的患者选择它。相反，当一种有效率为 30% 的治疗方法与治疗成功的案例结合在一起时，有接近 80% 的患者选择它。这项研究的结果与我父亲的行为完全一致。

虽然让患者了解情况并参与其中是好事，但这样做的风险是，他们可能会受到主要是奇闻轶事的信息的影响，包括从朋友、家人、互联网和大众媒体那里获得的信息。医生可能会发现奇闻轶事是让患者理解自己的观点的有效方式。但是医生和患者应该小心，不要忽视科学证据。[17]

表1-2　轶事比有效的治疗方法更重要吗

	受试者选择治疗方法的比率			
基础比率	90%	70%	50%	30%
治疗成功	88%	92%	93%	78%
治疗未成功也未失败	81%	81%	69%	29%
治疗失败	39%	43%	15%	7%

资料来源：Angela K. Freymuth and George F. Ronan, "Modeling Patient Decision-Making: The Role of Base-Rate and Anecdotal Information," *Journal of Clinical Psychology in Medical Settings* 11, no. 3 (2004): 211-216.

为什么任务往往难以准时完成

如果你曾经参与过某个项目，无论是翻修房子、推出新产品，还是如期完成工作，那么你对这个例子会很熟悉。人们发现很难估计一项工作需要花掉多长时间和多少金钱。他们犯的错通常是低估了时间和费用。心理学家称这种现象为计划谬误（planning fallacy）。在这种情况下，大多数人想象自己将如何完成任务时，内部视角再次占据了上风。只有大约1/4的人在制定计划时间表时纳入了源自自身经验或他人经验的基础比率数据。

加拿大劳里埃大学（Wilfrid Laurier University）心理学教授罗杰·比勒（Roger Buehler）做了一项实验来说明这一点。比勒和他的合作者询问一些大学生完成一项学校作业需要多长时间，并且给出了3种可能性：50%、75%和99%。例如，一个受试者可能会说，他有50%的可能在下周一之前完成作业，有75%的可能在下周三之前完成，有99%的可能在下周五之前完成。

图1-2显示了估计的准确性：当学生们认为自己有50%的可能完成作业的最后期限到来时，只有13%的人真正交了作业。当学生们认为自己有75%的可能在某一时间完成作业时，只有19%的学生真正完成了作业。几乎所有的学生都确信他们能在最后期限前完成作业，但只有45%的人做到了。正如比勒和他的同事指出的那样，即使要求学生们做出一项非常保守的预测，一项他们几乎确信自己能够完成的预测，相比于实际的完成情况，他们在估计时间时，也表现得过于自信了。[18]

这项工作有一个有趣的转折。众所周知，人们不善于猜测自己什么时候能完成自己的项目，却很擅长猜测别人什么时候能完成。事实上，计划谬误包含了一个更宽泛的原则。当人们被迫面对相似的情况，看到成功出现的频率时，他们往往会做出更准确的预测。如果你想知道一件事在你身上会出现什么结果，那就看看在相同的情况下，它在其他人身上会出现什么结果。哈佛大学心理学家丹尼尔·吉尔伯特（Daniel Gilbert）思考了为什么人们很少依靠外部视角："考虑到这项简单技术的巨大力量，我们期待人们能不遗余力地使用它。但他们并没有。"原因是大多数人认为自己与周围的人不同，自己更好。[19]

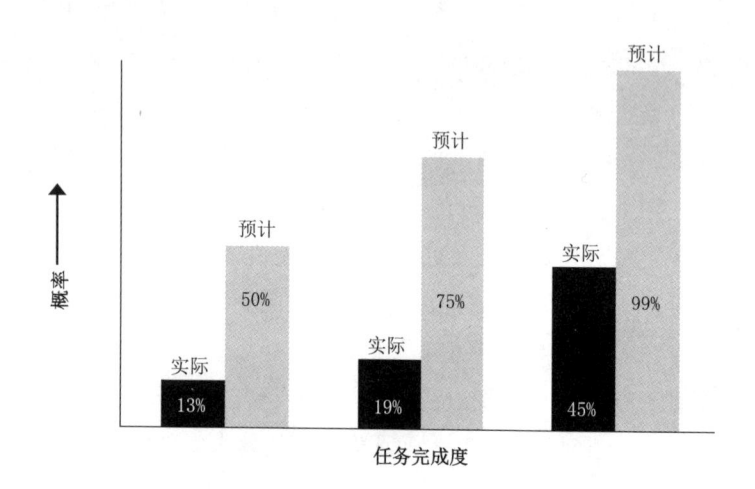

图 1-2 人们相信自己会完成一项任务与实际情况之间的巨大差距

资料来源：Roger Buehler, Dale Griffin, and Michael Ross, "It's About Time: Optimistic Predictions in Work and Love," in *European Review of Social Psychology*, vol. 6, ed. Wolfgang Stroebe and Miles Hewstone (Chichester, UK: John Wiley & Sons, 1995), 1–32.

现在你已经知道了内部视角和外部视角是如何影响人们的决策过程的，从此以后你会发现它无处不在。在商业世界里，对于开发新产品需要多长时间、并购交易成功的概率以及股票投资组合比市场表现更好的可能性，内部视角会表现为毫无根

第 1 章　考虑外部视角，并非每个问题都独一无二

据的乐观。在生活中，你会看到父母相信他们 7 岁的孩子注定会获得大学体育奖学金，争论电子游戏对孩子的影响，以及重新装修厨房所需的时间和费用。

即使是那些本应该知道的人也会忘记咨询外部视角。丹尼尔·卡尼曼曾召集一个小组，编写了一套教高中生如何进行判断和决策的课程。卡尼曼的小组中既有经验丰富的教师，也有没有经验的教师，还有教育学院的院长。大约一年后，他们已经完成了教科书的几章，并开发了一些示例课程。

在一次周五下午的会议上，这些教育工作者讨论了如何从群体中获得信息，以及如何思考未来。他们知道，要做到这一点，最佳方法是每个人都独立地表达各自的观点，然后对这些观点加以总结，达成共识。卡尼曼决定实际操作一遍这个方法，于是让每个成员估计一下向教育部提交教科书草稿的日期。

卡尼曼发现，大家估计的时间集中在 2 年左右，包括院长在内的所有人估计的时间都是 18～30 个月。然后卡尼曼突然想到，院长曾参与过类似的项目。当被问到这个问题时，院长说他知道很多类似的小组，其中包括开发生物课程和数学课程的小组。于是卡尼曼直截了当地问了他一个问题："他们花了多长时间完成项目？"

院长脸红了，然后回答说，启动过类似项目的小组中有

40%的小组没有完成项目，而且没有一个小组能在7年之内完成项目。卡尼曼认为只有一个原因可以解释院长对这一组的乐观态度，那就是他对其他组的缺点十分了解，于是卡尼曼问院长："同其他组相比，我们这一组水平有多好？"院长停顿了一下回答说："比平均水平低，但低得不多。"[20]

如何利用外部视角，做出正确的决策

卡尼曼与他的学术搭档心理学家阿莫斯·特沃斯基（Amos Tversky）[①]，共同发表了一个多步骤过程来帮助你使用外部视角。[21] 我将他们的5个步骤归纳为4个，并补充了一些想法。以下是这4个步骤。

1. 选择一个参照类别。 找到一组情形或一个参照类别，这个范围要足够宽泛，具有统计意义，但也要足够狭窄，可以用于分析你所面临的决策。这项任务通常既是一门科学，也是一门艺术，而且对于以前很少有人处理过的问题，这项任务无疑更加棘手。但是对于常见的决策，即使它们对你来说并不常见，识别参照类别也是很简单的。注意细节。我以并购为例介绍了如何选择参照类别。我们知道，并购方公司的股东在大多数兼并和收购中都是亏损

[①] 阿莫斯·特沃斯基的新书《特沃斯基精要》中文简体字版已由湛庐策划，即将出版。——编者注

第 1 章 考虑外部视角，并非每个问题都独一无二

的，但仔细研究这些数据就会发现，市场对现金交易和溢价较低的交易的反应，要比对溢价较高的股票收购交易的反应更积极。因此，如果知道哪些交易更可能成功，那么并购方公司就能提高从并购中赚钱的概率。

2. 评估结果的分布。 有了参照类别之后，请仔细查看成功和失败的比率。例如，在大布朗所处的位置上，6 匹马中只有 1 匹马赢得了三冠王。研究结果的分布，注意平均结果、最常见的结果、极端成功或失败的结果。

哈佛大学古生物学家斯蒂芬·杰·古尔德（Stephen Jay Gould）在其著作《生命的壮阔》（Full House）中指出，在被诊断出患有间皮瘤后，了解疾病结果的分布对他来说多么重要。他的医生解释说，被诊断出患有这种罕见癌症的人中，有一半的患者只活了 8 个月，更严格地说，患者的平均存活时间是 8 个月，就像是被判了死刑。但古尔德很快意识到，半数的患者在 8 个月内死亡，而另外一半患者则活了更长时间。由于确诊时他的年龄相对较小，他很有可能成为幸运的一个。古尔德写道："我问对了问题并找到了答案。在这种情况下，我很可能得到了最珍贵的礼物——大量的时间。"古尔德又活了 20 年。[22]

另外两个问题也值得一提。要使参照类别有效，统计的成功率和失败率必须随时间的推移而相当稳定。如果系统的属性发生了变化，从过去的数据得出推论可能会产生误导。在个人理财领域，这是一个重要的问题，理财顾问

会根据历史数据为客户提供资产配置建议。由于市场的统计特性会随着时间的推移而变化，投资者最终可能持有错误的资产组合。

也要留意那些小扰动可能导致大范围变化的系统。由于在这些系统中因果关系很难确定，借鉴过去的经验就比较困难了。由电影或书籍等热销产品推动的企业就是很好的例子。众所周知，电影制作方和出版商很难预测结果，因为成功和失败在很大程度上取决于社会影响，这是一种固有的不可预测的现象。

3. 做出预测。有了来自参照类别的数据，包括对结果分布的了解，你就可以做出预测了。预测是为了评估你成功和失败的可能性。基于我所讨论的所有原因，你的预测很有可能过于乐观了。

有时候，当你找到了正确的参照类别，你会发现成功率并不是很高。所以，为了提高成功的可能性，你必须做一些与众不同的事情。比如，美国国家橄榄球联盟（National Football League）的教练们在关键赛况下使用的战术呼叫，包括第4次进攻、开球和两分转换的尝试。和许多其他运动一样，对这些情况进行决策的传统方法是教练们代代相传的。但这种过时的决策过程意味着得分更少，赢得的比赛更少。

美国印第安纳大学天体物理学家查克·鲍尔（Chuck

Bower）和双陆棋前世界冠军弗兰克·弗里戈（Frank Frigo）创建了一个名为宙斯（Zeus）的计算机程序，用来评估职业橄榄球教练的战术呼叫决策。宙斯使用了在双陆棋和国际象棋程序中获得成功的那种建模技术，并且创建者给它装载了统计数据和教练的行为特征。鲍尔和弗里戈发现，在 32 支球队组成的联盟中，只有 4 支球队在 1/2 的时间里做出了与宙斯意见一致的关键决策，而 9 支球队在不足 1/4 的时间里做出了与宙斯意见一致的决策。宙斯估计，这些糟糕的决策给一支球队造成的损失不是每年一次胜利可以挽回的。在包含 16 场比赛的赛季中，这些决策造成的损失是巨大的。

大多数教练坚持使用传统智慧，因为这是他们所学到的，而且他们不愿面对脱离过去的做法所带来的可预见的负面后果。但宙斯表明，外部视角可以为愿意打破传统的教练带来更多的胜利。这对于愿意进行反直觉思考的教练来说是一个机会。[23]

4. **评估预测的可靠性并进行微调。**我们做决策的能力很大程度上取决于预测的内容。例如，天气预报员就能很好地预测明天的气温。而除了少数畅销书作者的作品外，图书出版商在挑选潜力作品方面表现欠佳。成功预测的记录越差，就越应该将预期值向平均值或其他相关统计度量结果靠拢。当因果关系清楚了，你就会对你的预测更有信心。

反直觉 Think Twice

　　内部视角和外部视角给我们的主要教训是,当决策者倾向于关注独特性时,最好的决策往往来自一致性。别误会,我并不提倡乏味、缺乏想象力、照搬或毫无风险的决策。我的意思是,我们能够从每天面临的类似情况中得到大量有用的信息,但我们忽视了这些信息,因此给自己造成了损害,关注这些丰富的信息将帮助你做出更有效的决策。下次当一个三冠王的热门竞争者出局时,请记住我说的这些话。

THINK TWICE

HARNESSING
THE POWER
OF
COUNTERINTUITION

第 2 章
开放选项,避免视野狭窄

由于各种心理原因，人们在做决策时往往考虑的选项太少。在许多情况下，最明显的选择就是正确的选择。但在一个替代方案比过去更多的世界里，视野狭窄可能导致重大但完全可以避免的错误。再说一遍，你不需要费力地分析每一个决策。相反，当风险足够大时，问问自己是否容易陷入视野狭窄。如果是这样，仔细检查你的决策过程，并采取具体的步骤，全面地考虑隐藏的可能性。

第 2 章 开放选项，避免视野狭窄

丹尼尔·卡尼曼在帮助我们理解人们如何思考和行动方面的重大贡献，应该成为所有专业培训的主要内容。在我与他参加的一次会议上，他对"锚定与调整启发式"（anchoring-and-adjustment heuristic）的评论让我难以忘怀。这里有一个例子，说明了这种启发式是如何起作用的。这个例子以我和我的学生在哥伦比亚商学院做的一个练习为基础。我给了他们一张表格，要求他们写下两个号码。[1] 如果你从来没有做过这个练习，可以花点时间写下你的回答。

1. 你的电话号码的后四位数字：
   _____

2. 你对纽约市曼哈顿区医生人数的估计：
   _____

锚定与调整启发式有一个偏差，它预测电话号码将影响学生们对医生人数的估计。在我的班级里，电话号码以0000～2999结尾的学生预测的医生平均人数为16 531人。而电话号码以7000～9999结尾的学生对医生人数的平均估值为29 143人，比前者预测的人数高出76%。卡尼曼在对他的学生进行测试时也得到了相似的模式。据我所知，曼哈顿大约有2万名医生。

当然，每个人都知道自己电话号码的后四位与曼哈顿的医生人数无关。但是，在做出估计之前，随便思考一个总数的行为，会使最终结果出现严重的偏差。如果我把问题的顺序倒过来，学生们肯定会做出不同的估计，这也充分说明了这一点。

在做决策时，人们通常从一个特定的信息或特征（锚定）开始，然后根据需要进行调整，从而得出最终的答案。偏差是指人们从"锚定"开始做出的调整不够充分，因此做出了离谱的反应。也就是说，不管"锚定"是否合理，最终的答案都过于接近锚定。[2]

但卡尼曼强调的一点是，即使你向一个群体解释锚定，人们也无法理解。就算你讨论完概念后立即进行实验，仍然能看到偏差在起作用。心理学家认为，最主要的原因是锚定行为在大多数情况下是无意识的。

第 2 章 开放选项，避免视野狭窄

注意所有可能的结果

本章介绍的影响更广的决策错误，它的主要成因就是锚定，也就是对替代方案的考虑不足。坦率地说，你可以称之为"视野狭窄"。从医学漏诊到对金融模型毫无根据的信心，都体现了人们不考虑各种选择或可能性会导致可怕的后果。那么，是什么让我们的思维过于狭隘呢？

我最喜欢的一种解释出自以心智模式理论闻名的心理学家菲利普·约翰逊－莱尔德（Phillip Johnson-Laird）。他认为，当我们进行推理时，我们会使用洞察力、单词和句子的意义、它们所表达的命题的意义，以及我们的知识。事实上，我们会运用自己掌握的全部知识去思考各种可能性，并将每种可能性用一个心智模式来表示。[3]

约翰逊－莱尔德的描述有几个方面值得强调。首先，人们会根据一系列的前提进行推理，但只考虑可以并存的可能性。因此，人们没有意识到他们相信的事情是错误的。举一个打牌的例子，下面三种说法中只有一种是正确的。

- 某个人手里的牌包含一张国王、一张 A，或者两者都有。
- 某个人手里的牌包含一张王后、一张 A，或者两者都有。
- 某个人手里的牌包含一张 J、一张 10，或者两者都有。

根据这些陈述，你认为这个人手里的牌中有 A 吗？

约翰逊-莱尔德向许多聪明人提出了这个问题,大多数人认为答案是肯定的。但这是错误的。如果你的手里有一张 A,那么前两个命题就为真,这就违反了只有一个命题为真的条件。[4] 你可以把前提和它们的选项想象成一束光,这束光只照亮了你感知到的可能结果,把许多可行的选项都留在了黑暗中。

其次,这与一个人看待问题的方式也有关,即他对问题的理解、对问题的感受以及他所掌握的知识,决定了他对问题的推理方式。由于我们都是蹩脚的逻辑学家,所以对问题的表述强烈地影响着我们做出的选择。在过去的很长一段时间里,前景理论的发现,包括常见的启发式和相关的偏差,证实了这一点。我们会在由于视野狭窄而犯的错误中看到很多这样的偏差。

最后,心智模式是外部现实的内部表征,是一种不完整的表征,它以速度换取细节。[5] 心智模式一旦形成,就会取代更为烦琐的推理过程,但它的有效性只取决于它与现实匹配的能力。不合适的心智模式将会导致决策失误。[6]

我们的大脑只是试图找到一个答案:对患者的正确诊断,合理的收购价格,小说情节的可能走向,并且通过一些常规例程快速而高效地得到答案。但是,**迅速得到正确的解决方案,意味着我们要把注意力集中在那些看来最有可能的结果上,而忽略许多其他的可能结果**。在人类的大部分进化过程中,这种方法都很有效。但是,在数万年前的自然环境中起作用的因果模式，在今天的科技世界中往往并不适用。因此，当风险足够大时，我们必须放慢脚步，让光线照射到所有可能的结果上。

看似合理的结果不一定是对的

视野狭窄是许多错误的根源，我们只需要看看锚定与调整启发式及其相关的偏差，就能看到第一个错误。为什么人们不会根据一个锚定做出足够的调整从而得出准确的估计呢？芝加哥大学商学院心理学家尼古拉斯·埃普利（Nicholas Epley）和康奈尔大学心理学家托马斯·吉洛维奇（Thomas Gilovich）的研究表明，我们从一个锚定开始，然后朝着正确的答案前进。但是，一旦达到了一个我们认为合理或者可接受的值时，大多数人就会停止调整。

在一个实验中，心理学家要求受试者回答6个有自然锚定的问题。例如，他们让参与者估计伏特加的冰点（华氏度[①]），这里的自然锚定是32华氏度，也就是水的冰点。然后他们要求受试者给出一个范围，说明后者认为最高和最低的合理估值。对于伏特加的问题，平均估值是12华氏度，估值的范围为-1～23华氏度。伏特加的冰点为-20华氏度。埃普利和吉洛维奇的研究称，这些结果表明，从锚定开始的调整"需要寻找一个合理的估值"，而受试者一旦找到他们认为合理的答案，就会终止调整。[7]

[①] 1华氏度≈-17.22摄氏度。——编者注

你也可以在谈判中看到锚定和调整的后果。研究谈判策略的心理学家格雷戈里·诺斯克拉夫特（Gregory Northcraft）和玛格丽特·尼尔（Margaret Neale）向一组房地产经纪人展示同一套住宅的相同背景材料，包括房屋的面积、设施以及同类住宅近期的交易情况。为了测量锚定效应，研究人员向一些经纪人展示了同一套房子的不同挂牌价。果然，看到高挂牌价的经纪人对房子的估价远远高于看到低挂牌价的经纪人（见图 2-1）。同样值得注意的是，在评估中使用了挂牌价格数据的经纪人里，有不到 20% 的人坚称自己的评估是独立的。这种偏差在很大程度上是有害的，因为我们没有意识到它的存在。[8]

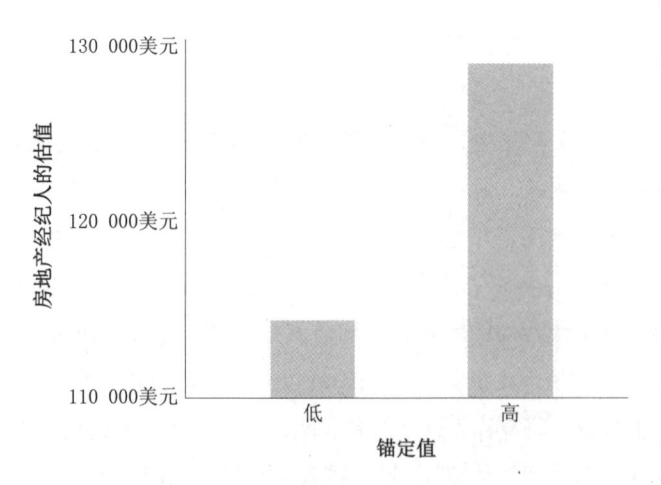

图 2-1 房地产经纪人的锚定效应

资料来源：改编自 Gregory B. Northcraft and Margaret A. Neale, "Experts, Amateurs, and Real Estate: An Anchoring-and-Adjustment Perspective on Property Pricing Decisions," *Organizational Behavior and Human Decision Processes* 39, no. 1 (1987): 84-97。

锚定在高风险的政治或商业谈判中很重要。在信息有限或不确定的情况下，锚定会对结果造成巨大影响。例如，研究表明，在模棱两可的情况下，第一个给出报价的一方可以从强烈的锚定效应中获益。如果你坐在谈判桌的另一边，想到和认识到各种可能的结果是防止锚定效应的最有效手段。[9]

不要以貌取人

杰尔姆·格鲁普曼（Jerome Groopman）博士在他的作品《医生最想让你读的书》（*How Doctors Think*）[①]中，描述了一位体态匀称的护林员因胸痛被送往医院急诊室的情景。值班医生仔细地听完护林员的症状描述，审查了心脏病检查表，并要求做了一些标准测试。检查结果一切正常。鉴于检查结果，再加上患者健康的外表，医生向患者保证后者的心脏导致了胸痛问题的可能性"大约为零"。

第二天，护林员因心脏病发作回到了医院。幸运的是，他活了下来。但是昨天给他看病的医生却有点抓狂。经过反思，这位医生意识到，代表性启发式（representativeness heuristic）导致的偏差影响了他的判断。这种偏差也是一种决策错误，它表明我们经常在脑海中根据代表性类别匆忙得出结论，而忽略了其他可能的情况。"不要以貌取人"这句老话说的就是这种偏差，鼓励我们对各种选择保持开放的

---

① 本书通过在医院发生的鲜活医疗案例，指出医生误诊的10大常见思维误区。该书中文简体字版已由湛庐策划、浙江人民出版社出版。——编者注

态度，即使我们的大脑试图关闭它们。在这种情况下，医生的错误是排除了心脏病发作的可能性，因为患者看起来很健康。"你必须在头脑中对非典型症状做好准备，不要那么快就安慰自己和患者，说一切都好。"医生后来若有所思地说。[10]

可得性启发式（availability heuristic）是指根据记忆中可用的信息判断事件发生的频率或概率，它提出了一个相关的挑战。如果某件事是我们最近看到的，或者它在我们的脑海中是生动的，我们往往会认为这件事更有可能发生。格鲁普曼提到一位来医院就诊的女人，她当时正发着低烧并且呼吸急促。她所在的社区近期经历了一场病毒性肺炎，这为医生提供了心理可得性。医生诊断她为亚临床病例，表明她患有肺炎，但症状尚未显现。结果，她只是阿司匹林中毒。为了治疗感冒，她吃了太多的阿司匹林，发烧和呼吸急促都是阿司匹林中毒的典型症状。但由于病毒性肺炎在脑海中很鲜明，所以医生忽略了其他可能性。同代表性一样，可得性鼓励我们忽略其他选择。[11]

仔细想一想代表性启发式和可得性启发式是如何影响你的决策的。你是否曾经仅仅根据外表来判断一个人？听说飞机失事后，你是否更加害怕坐飞机出行？如果答案是肯定的，那么你就是一个正常人。但你也会因此而误解或错过看似完全合理的结果。

有限的观察，不恰当的预测

我们来玩个小游戏。看一组随机出现的正方形和圆形，如图 2-2 所示。你认为接下来出现的是什么形状？

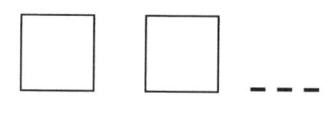

图 2-2　接下来会出现什么形状

资料来源：改编自 Jason Zweig, *Your Money and Your Brain: How the New Science of Neuroeconomics Can Help Make You Rich* (New York: Simon & Schuster, 2007)。

大多数人的头脑中都强烈地暗示着同样的答案：另一个正方形。这就导致了又一种常见的错误，即倾向于根据过去的结果做出不恰当的推断。杜克大学心理学家兼神经学家斯科特·胡特尔（Scott Huettel）和他的同事证实了这一发现。他们将受试者置于功能性磁共振成像（fMRI）机器中，向他们展示随机出现的圆形和正方形。一个符号出现之后，人们不知道接下来会出现什么符号。但当一个符号连续出现两次之后，即使他们知道这些符号的出现是随机的，仍会认为接下来出现的还是这个符号。两次出现同一种符号可能并不代表一种趋势，但我们的大脑却认为这就是一种趋势。[12]

这个错误是很严重的，因为我们的大脑有一种根深蒂固的愿望，想要找出模式，而我们的预测过程非常迅速（研究人员称之为"自动的和习惯性的"）。这种模式识别能力经过数千年的进化，对大多数人类的生存都非常有利。"在自然环境中，几乎所有的模式都是可预测的，"胡特尔说，"例如，当你听到身后传来的哗啦声，那不是人为造成的；它的意思是树枝要掉下来了，你需要躲开。所以，我们进化出了寻找这些模式的能力。但这些因果关系在技术世界中不一定成立，因为技术世界会产生不规律的现象，而我们在技术世界中寻找的是根本不存在的模式。"[13]

推断也能更好地指出其他一些错误。我们可以把归纳的问题表述为根据有限的观察，不恰当地预测未来。未能反映均值回归是由于没有合理考虑偶然性的作用，就根据早期的表现推断未来的情况。根据过去的结果进行预测的模式认为，未来与历史的特征是相似的。在每一种情况下，我们的大脑，或者说我们大脑构建的模式，都没有合理地考虑其他的可能性就进行了预测。

人们只注意自己想注意的

认知失调（cognitive dissonance）是接下来要介绍的这种错误的一个方面，即人类渴望内在和外在一致的固有愿望带来的僵化。[14] 认知失调是社会心理学家利昂·费斯廷格（Leon Festinger）在 20 世纪 50 年代提出的一个理论，该理论认为：当一个人持有两种心理上不一致的认知，包括想法、态度、信

第2章 开放选项，避免视野狭窄

念和观点时，认知失调就出现了。[15] 这种不一致导致了我们的大脑试图减少精神上的不适。

很多时候，我们通过思考如何为自己的行为找借口来解除不适，例如，有人承认系安全带可以提高安全性，但他却不这么做。为了减少这种不一致，他可能会指出系安全带不舒服，或者声称他高于平均水平的驾驶技术将使自己免受伤害，从而为自己的决策找借口。对我们大多数人来说，有一点自欺是可以的，因为风险通常很低，而且它能让我们在晚上安然入睡。

但如果风险很高，自我辩解就是个大问题。纵观历史，恶毒的独裁者、极端分子和舞弊的公司高管们的行为是可悲的，他们在伤害他人的同时还在为自己的行为开脱。这里有一些例子，说明了为了解决内部冲突，大脑有多努力。

当其他八年级的学生都希望成为宇航员或消防员时，库尔特·怀斯（Kurt Wise）却梦想着获得哈佛大学的博士学位，然后在一所规模较大的大学任教。在芝加哥大学获得学士学位后，怀斯实现了他的部分梦想：作为著名古生物学家斯蒂芬·杰·古尔德的学生，他获得了哈佛大学地质学博士学位。怀斯的论文提出了一种统计方法来推断一个特定物种生活的时期（通常是数百万年前），从而补充了化石记录。他的贡献完全符合公认的进化论。

为什么要提到怀斯的文凭呢？怀斯是一位年轻的神创论

者,他相信《圣经》上关于几千年前上帝创造世界的记载,这与他所受的科学训练是矛盾的。怀斯大脑中的矛盾达到了顶点,他决定不辞劳苦地通读《圣经》,删去与进化论不一致的每一节经文。这个工程花费了好几个月的时间,当他完成的时候,他担心的事情发生了:《圣经》已经所剩无几了。所以他必须在进化论和《圣经》之间做出选择。他选择了《圣经》。他回忆道:"就在那个晚上,我接受了上帝的旨意,拒绝了一切与之相悖的东西,包括进化。"他接着说,"如果宇宙中所有的证据都反对神创论,我会第一个承认,但我仍然是神创论者。我必须站在这里。"[16]

20世纪50年代中期,包括费斯廷格在内的3位科学家注意到了一个以伊利诺伊州为基地的邪教团体,该团体声称从其他行星上的神灵那里获得了启示。科学家们渗透到该组织,收集了会议和事件的第一手资料。随着时间的推移,信众开始相信来自外太空的生物向他们传达了一种不祥的预感,那就是当年的12月21日将发生一场毁灭世界的洪水。好消息是,宇宙飞船将在午夜降落,拯救这些信徒。

在世界末日之前,信众表现出两种看似矛盾的行为。一方面,他们通过辞去工作、终止学业、转赠财产、期待新生活来维持或加强对这个团体的忠诚。另一方面,他们除了含糊地告诉外界灾难即将来临的消息外,对外界几乎就没有什么帮助了。

12月20日晚,信众聚集在该组织的精神领袖玛丽安·基奇（Marian Keech）的家中，等待着外星人的到来。午夜过后，信众变得焦躁不安起来。在凌晨4点后的休息时间，该团体的领袖托马斯·阿姆斯特朗（Thomas Armstrong）对其中一名渗透者透露："我不在乎今晚发生什么。我不能怀疑。即使明天我们不得不向媒体承认我们错了，我也不会怀疑。"[17]请注意，怀斯和阿姆斯特朗的说法之间有着惊人的相似性。

凌晨4点45分左右，基奇夫人收到了一条消息：该团体是"善良之力"的凝聚，因此世界逃脱了它可怕的命运。这令信众精神振奋，但不久之后的第二条消息带来了更大的影响。该组织立即在报纸上详细地发布了这则"圣诞信息"。因此，在基奇夫人的带领下，精疲力竭的信众开始给报纸、广播电台和通讯社打电话。从那时起，该组织开始对外展示。"屋子里挤满了各大报纸、广播和电视台的代表，"3位科学家写道，"来访者进进出出、络绎不绝。"[18]

认知失调是关于内部一致性的，而确认性偏差是关于外部一致性的。当一个人寻求证实自己先前的信念或观点的信息，却忽视或否定反驳这种观点的证据时，就会出现确认性偏差。[19]亚利桑那州立大学社会心理学家罗伯特·西奥迪尼（Robert Cialdini）[①]指出，一致性有两个好处。首先，它允许我们停止思考问题，令我们的精神得以休息。其

---

① 为什么有些人极具说服力,而有些人总是容易上当受骗？罗伯特·西奥迪尼博士在其经典心理学作品《影响力》中给出了答案。该书中文简体字版已由湛庐策划、北京联合出版公司出版。——编者注

次,一致性使我们从理性的结果中解脱出来,也就是说,它会改变我们的行为。前者让我们避免思考;后者让我们避免行动。[20]

20世纪二三十年代,当无线电广播在美国流行起来的时候,一些心理学家担心媒体会用一些观点去左右易受影响的公众。他们担心,每个人同时听到同样的信息,可能会引发一些大规模的、无意的、协调一致的行为。著名社会学家伊莱休·卡茨(Elihu Katz)和保罗·拉扎斯菲尔德(Paul Lazarsfeld)驳斥了这种观点。他们的研究表明,人们基本上会继续做自己以前做的事情,而不受媒体的影响。

当卡茨和拉扎斯菲尔德研究为什么媒体对个人的影响如此微弱时,他们发现人们在曝光和保留信息方面是有选择的。实际上,大多数人看到和听到的是他们想要的,而忽略掉其他信息。例如,一份政府备忘录解释了美国前副总统迪克·切尼(Dick Cheney)住酒店时的要求。这些要求包括四罐无糖雪碧、一壶不含咖啡因的咖啡、20摄氏度的室温、所有的电视都调到福克斯新闻频道(这个频道最能体现他的观点)。[21]确认性偏差的这一方面,即选择性曝光和保留,会尽量减少我们接触不同想法的机会。

美国埃默里大学心理学家德鲁·韦斯滕(Drew Westen)和他的同事对政治党派之间的选择性曝光和保留进行了研究。研究人员对坚定的民主党人和共和党人做了调查,然后利用功

第 2 章 开放选项,避免视野狭窄

能性磁共振成像机器,在他们阅读幻灯片时扫描他们的大脑。幻灯片上的内容包括民主党和共和党总统候选人以及一些政治中立人士明显前后矛盾的言论。

两个党派的受试者毫不费力地看出了反对党候选人前后矛盾的言论,在满分为 4 分的差异评级中给出了近 4 分的评价。但当他们自己党派的候选人言论不一致时,他们给出的平均差异评级接近 2 分,这表明他们看到的前后矛盾最小。最后,民主党人和共和党人对中立人士前后矛盾的言论都没有做出强烈反应,见图 2-3。[22]

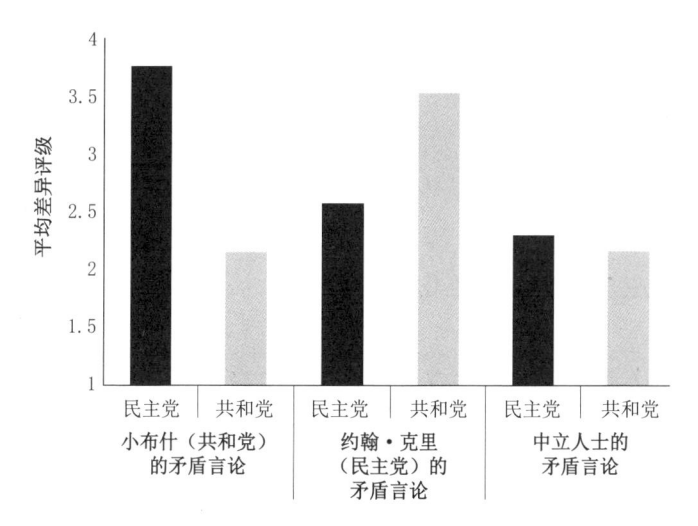

图 2-3 人们更善于发现对立一方的矛盾言论

资料来源:Drew Westen, Pavel S. Blagov, Keith Harenski, Clint Kilts, and Stephan Hamann, "Neural Bases of Motivated Reasoning: An fMRI Study of Emotional Constraints on Partisan Political Judgment in the 2004 U.S. Presidential Election," *Journal of Cognitive Neuroscience* 18, no. 11 (2006): 1951.

大脑图像同样呈现并遵循了相似的模式。当两个党派的人看到他们不认同的信息时，参与意识推理的"电路"都不活跃。但当他们看到自己喜欢的东西时，大脑就会消除消极情绪，激活积极情绪。两个党派的受试者的大脑极大地强化了他们已经相信的东西。[23]

对政治党派的研究表明，注意力在视野狭窄中起着很大的作用。过多关注一件事意味着你对其他事的关注就会减少，这常常造成某种形式的视而不见。每年，我都会给我的学生们播放一段视频来展示这一现象。研究知觉的心理学家丹尼尔·西蒙斯（Daniel Simons）和克里斯托弗·查布里斯（Christopher Chabris）[①]制作了这段时长为32秒的视频。这段视频现在很有名。视频中，两组人站在一间很普通的大厅里，一组人穿白衬衫，另一组人穿黑衬衫。每一级成员要来回传接一个篮球。我让学生们计算白衬衫队传球的次数，这有难度，因为球员们都是来回移动的。当然，学生们知道其中会有一些干扰设计，所以他们把注意力集中在任务上。

实验过程中的确出现了干扰设计。在视频大约进行到一半的时候，一个穿着大猩猩服的女人出现在了画面中，她捶着胸口，然后走开了。专注这项具有挑战性的视觉任务的学生中，只有不

[①] 这两位心理学家最知名的实验就是"看不见的猩猩"，提示了人们总是凭直觉认为自己所见和所感都是真实的。这当然是一种错觉。二人合著图书《看不见的大猩猩：无处不在的6大错觉》中文简体字版已由湛庐策划、北京联合出版公司出版。——编者注

到60%的人注意到了大猩猩，见图2-4。然后我重新播放了视频，让学生们在不受任务限制的情况下观看。当大猩猩出现时，总伴有紧张的笑声。我的结果与其他实验者的报告非常一致。

图2-4　看不见的大猩猩

资料来源：D. J. Simons and C. F. Chabris, "Gorillas in our midst: Sustained inattentional blindness for dynamic events," *Perception* 28 (1999): 1059–1074. 本图片由丹尼尔·西蒙斯提供。

让我们面对现实：我们的注意力带宽都是有限的。如果你把所有的带宽都用在一项任务上，那么就没有任何带宽可以用在其他事情上了。因此，人们应该注意，在关注能够解决问题的重要细节和关注更大的背景之间取得平衡。[24]

还有其他一些因素导致视野狭窄，这些因素在不同程度上都可以与压力联系起来。就像生活中的很多事情一样，有一点压力或者短时间内压力很大，是好事。但是压力太大就会影响我们长远思考的能力，从而使我们的思维变得混乱。

压力通常是很有帮助的。压力的常见反应是通过增加心率、血压和加快呼吸让肌肉获得更多能量。高压力对感觉系统也有帮助。例如，警察报告说，在射击过程中，他们的视觉敏锐度和注意力提高了，感觉到时间的减缓，而且听不到声音。在短时间内，大脑可以专注手头的任务。这种反应在特殊情况下很有价值。[25]

然而，如果长期处于有压力的状态，那就不好了。动物在面对生命威胁时会有压力反应，想象狮子追赶斑马的画面，但威胁过去后就会平静下来。虽然人类偶尔也受到生命威胁，但我们的压力大多来自工作的最后期限、经济上的担忧和人际关系问题带来的情绪压力。至关重要的是，无论是来自生理上还是心理上的刺激，压力反应都是一样的。但是，与大多数动物不同，人类会经历长期的心理压力。事件打开了我们的压力应激系统，而我们无法关闭它。虽然调动你的身体对短期威胁做出反应是一项惊人的壮举，但如果它总是开着，同样的反应对你的健康则是非常有害的。

斯坦福大学神经生物学家、压力问题专家罗伯特·萨波斯基（Robert Sapolsky）指出，压力反应的一个重要特征是它会关闭长期系统。如果你即将成为狮子的午餐，你不必担心消化、生长、疾病预防或繁殖问题。用萨波斯基的话说就是，压力反应是"小事聪明，大事糊涂"。这就造成了视野狭窄。

让压力大的人去想长远的事情不太容易。这位明天就要失业的经理没有兴趣做一个能让他在未来3年内过得更好的决策。心理压力会产生一种即时性，这种即时性会抑制人们考虑那些具有长远回报的选择。压力反应对于应对当下的风险非常有效，但它会"拉拢"制定决策的器官，迫使人们做出糟糕的决策。[26]

不恰当的激励会带来糟糕的决策

经济学家相当有力地论证过，激励很重要。激励是鼓励一个特定的决策或行动的所有因素，包括金钱或其他形式。在许多情况下，激励会产生利益冲突，从而影响人们正确考虑替代方案的能力。所以，当你评估自己的决策或他人的决策时，考虑一下激励所鼓励的选择。

神经外科医生卡特里娜·菲立克（Katrina Firlik）博士分享了一个例子：在脊柱外科的会议上，一位外科医生介绍了一位女性患者的病例。她的颈椎间盘突出，疼痛是神经受压迫引起的。物理治疗、药物治疗以及耐心等待疼痛自行消失的传统保守治疗方法对她都不起作用。

这位外科医生让参会人对手术的几种选择进行投票。第一种方案是通过较新的颈椎前路手术，切除患者的整个椎间盘，用骨塞代替，然后融合椎间盘。绝大多数人举起了手。第二种方案是采用相对较老的后路手术，只切除压迫神经的椎间盘部分。由于手术过程中大部分椎间盘未受损伤，因此不需要融合。这时，只有几个人举手。

参会者几乎都是男性，发言者接着问："如果这个患者是你的妻子,你会怎么选?"选项没变,但参会者做出了完全相反的选择。主要原因是,外科医生从更新更复杂的手术中得到的报酬通常是已成熟的手术的好几倍。[27]

在 2007 年至 2009 年的金融危机中,激励措施也发挥了核心作用。以次级抵押贷款市场为例,根据美联储前主席艾伦·格林斯潘(Alan Greenspan)[①]的说法,次级抵押贷款市场"无可否认是危机的源头"。由于不良或有限的信用记录而无法达到最高信用标准的人,能够以通常很低的初始利率借到以前借不到的数额较多的钱。20 世纪 90 年代末,次级抵押贷款只占新抵押贷款的 10%,到了 2006 年,这一比例上升到 20%,而不受监管的放贷者是导致这一现象的主要因素。当房价下跌时,这些次级借款人最先陷入困境,引发了整个金融体系的一连串损失。

尽管让次级抵押贷款市场像现在这样增长显然是不好的,但对参与者的激励强烈地鼓励了这种现象。例如:

- 信用标准低的人可以拥有他们梦寐以求的好房子。
- 放贷人从借贷人的贷款中赚取费用,因此放松了借贷人的承保标准。放贷人在大部分情况下并不要求借贷人必须抵押房产。因此,他们的激励主要是多放贷,而不是谨慎放贷。

---

① 《格林斯潘传》再现了全球经济掌舵人艾伦·格林斯潘的传奇历程。这部著作既是帮助商业人士理解和应对经济危机的反思录,也是为普通读者解读货币政策的入门书。该书中文简体字版已由湛庐策划、浙江人民出版社出版。——编者注

第2章 开放选项，避免视野狭窄

- 投资银行购买了这些个人抵押贷款，并将其打包转售给其他投资者，从中赚取费用。
- 评级机构收取一定的费用对抵押支持债券进行评级。他们做出了大量代表高信用度的 AAA 评级。
- AAA 级抵押支持债券的投资者获得的回报高于其他 AAA 级债券。由于许多投资者是根据投资组合的收益获得报酬的，额外的收益能让他们收取更高的费用。[28]

次贷危机表明，在一个复杂系统中，对个体代理最有利的情况，对整个系统来说可能不是最有利的。即使是在崩溃之后，我们也可以很容易地看到链条中每个组成部分的动机：更多的房屋、更多的费用、更多的收益。在某种程度上，这些动机是有道理的。但当所有参与者都在追求自己的目标，而没有考虑他们的行为对房地产市场和金融体系造成的更广泛影响时，整个体系就崩溃了。对于市场的狂热信徒来说，这种群体性失败尤其令人震惊。格林斯潘写道："那些指望贷款机构为了自身利益而保护股东权益的人，包括我自己，都处于一种难以置信的震惊状态。"[29]

许多糟糕的决策是由不适当的激励而不是错误造成的。伴随激励而来的偏差通常是无意识的。哈佛商学院研究决策制定的马克斯·巴泽曼（Max Bazerman）① 教授和其他一些研究

---

① 为什么你总是对那些重要信息视而不见？你是否遗漏了信息背后的信息？马克斯·巴泽曼在《信息背后的信息》中介绍了 5 种突破信息获取屏障的方法。该书中文简体字版已由湛庐策划、浙江人民出版社出版。——编者注

人员让 100 多名会计师审阅了 5 笔含糊不清的账目简介，并对每笔账进行审查。一半的审计师被告知他们被这家公司录用了，剩下的被告知他们被另外一家公司录用了。那些担任该公司审计师的人中，有 30% 更有可能去寻找符合会计原则的选择，这表明，即使与这家公司的关系只是假设的，也会影响人们的判断。研究人员写道："也许在利益冲突中起作用的心理过程最显著的特征是，它们可能在没有有意想要徇私舞弊的情况下发生。"激励是导致视野狭窄的一个重要因素。[30]

如何避免视野狭窄，做出正确的决策

THINK TWICE
Harnessing the Power of Counterintuition

1. 明确考虑备选方案。约翰逊－莱尔德的推断模式表明，决策者往往没有考虑足够多的备选方案。你应该检查所有的备选方案，必要时使用基础比率或从市场中得来的指导原则，以降低代表性偏差或可得性偏差的影响。

为了达到这个目的，谈判老师建议在进行谈判时，要了解你的谈判协议的最佳替代方案、你的底价，以及对方的底牌。弄清这些情况能够提高达成有利交易的概率，避免意外。在其他情况下，清晰而完整地列举你的备选方案也是非常有帮助的。[31]

2. 寻求异议。这一点说起来容易做起来难,这样做的目的是要证明你的观点是错误的。这里有两个技巧:第一个技巧是问一些问题,这些问题的答案可能与你的观点相悖。第二个技巧是仔细聆听这些答案。检查数据时也要这样做:寻找能得出不同结论的可靠来源。这有助于避免愚蠢的不一致。[32]

如果可能的话,和与自己持不同意见的人交流。这在情感上和理智上都是很难做到的,但它能非常高效地暴露替代方案。当群体成员试图通过避免测试替代想法从而在冲突最小的情况下达成共识时,它也降低了群体思维的风险。亚伯拉罕·林肯就采用过这种方法。林肯在意想不到的情况下入主白宫之后,他任命了一些他的重要对手担任内阁职位。随着他的对手团队带领美国度过了内战,他最终赢得了以前对手的尊重。[33]

3. 写决策日志。人类有一种奇怪的倾向:一旦事情过去了,我们相信我们事先对结果的了解比实际情况要多。这就是事后诸葛亮。研究表明,人们在知道结果之前,回忆一种不确定的情况是如何出现的,这种做法是不可靠的。

我和家人开车去机场赶飞机度假。我们可以走95号州际公路或者梅里特公园路,这两条路线大致相同。我听了路况报道,说两条路线都畅通,于是我选择了95号州际公路。几分钟后,我们遇上了由交通事故导致的交通堵塞。清除了交通阻塞后,我们冲向机场,结果差点误了班机。我妻子转向我,用一种恼怒的语气说:"我就知道我们应该走梅里特公园路。"正如丹麦哲学家索伦·克尔恺郭尔(Søren Kierkegaard)所说:"只有向后看才能理解生活,但是要生活好,则必须向前看。"[34]

所以,向前看的时候我们通常没有考虑到足够的替代方案,向后看的时候,我们以为自己知道将要发生什么。解决这两种问题的方法是写下决策背后的理由,并不断回顾过去的行为。决策日志是一种容易实现且成本不高的程序,可以抵消后见之明偏差,鼓励我们更加全面地看待所有可能性。

4. 避免在情绪极端时做决策。人们在做决策的时候很难做到情绪状态非常理想,但可以肯定,如果你情绪激动的话,你的决策能力会很快被削弱。压力、愤怒、恐惧、焦虑、贪婪和极度兴奋都是与高品质决策背道而驰的精神状态。但是就像在情绪波动时很难做出好的决策一样,在没有情绪的情况下也很难做出好的决策。神经学家安东尼奥·达马西奥(Antonio Damasio)[①]认为,"当我们情绪稳定时,理性才能够充分发挥作用"。如果你的情绪处于极端状态,只要有可能,尽量推迟重要的决策。[35]

---

① 安东尼奥·达马西奥在其经典著作《笛卡尔的错误》中提出了情绪在理性决策中的重要作用。在《万物的古怪秩序》中,达马西奥又将情感的重要性提升到了一个新的高度。《笛卡尔的错误》中文简体字版已由湛庐策划、北京联合出版公司出版。《万物的古怪秩序》中文简体字版也已由湛庐策划、浙江教育出版社出版。——编者注

> **5. 正确理解激励**。仔细考虑存在什么激励，以及这些激励可能会激励什么行为。金钱激励通常很容易发现，而非物质上的激励，如声誉或公平，就不那么明显了，但它们在驱动决策方面仍然起到了很重要的作用。虽然很少有人相信激励会扭曲我们的决策，但证据表明，这种影响可能是潜意识的。最后，对团队成员个体有益的事情可能对整个团队有害。

由于各种心理原因，人们在做决策时往往考虑的选项太少。在许多情况下，最明显的选择就是正确的选择。但在一个替代方案比过去更多的世界里，视野狭窄可能导致重大但完全可以避免的错误。再说一遍，你不需要费力地分析每一个决策。相反，当风险足够大时，问问自己是否容易陷入视野狭窄。如果是这样，仔细检查你的决策过程，并采取具体的步骤，全面地考虑隐藏的可能性。

THINK TWICE

HARNESSING THE POWER OF COUNTERINTUITION

第 3 章
利用群体智慧做出决策，
不盲目依赖专家

作为一个深思熟虑的决策者，你的首要任务是找出问题的本质，然后考虑如何最好地解决它。因为所有的方法都有优点和缺点，所以没有唯一的解决方案。

第 3 章　利用群体智慧做出决策，不盲目依赖专家

准确预测节假日销售额是零售商的一项重要任务。过低的预测会导致货架闲置和利润损失，而过于乐观的预测则会导致库存堆积，从而给保持利润率带来压力。因此，零售商有很大的动力做出准确的销量估计。为此，大多数商家都会依赖专家——组织中收集信息、研究趋势并做出预测的那些人。

对于经营消费类电子产品的公司来说，风险尤其大，因为它们的大部分收入都是在送礼季产生的，而库存商品会迅速贬值。作为一家依赖专家的零售商，消费电子巨头百思买（Best Buy）的内部专家承受的预测压力尤其大。因此，你可以想象，当畅销书《群体的智慧》（*The Wisdom of Crowds*）作者詹姆斯·索罗维基（James Surowiecki）信步走进百思买的总部，传达了一条令人震惊的信息——一群相对不够了解情况的人

比公司最优秀的预言家预测得更好时,人们的反应是什么。[1]

索罗维基的话引起了时任百思买礼品卡业务主管的杰夫·塞弗茨(Jeff Severts)的共鸣。塞弗茨想知道这个想法是否真的适用于公司环境,所以他给了公司里的几百名员工一些基本的背景信息,并让他们预测2005年2月的礼品卡销售情况。他在3月统计结果时发现,近200名受试者的平均准确率达到了99.5%。他的团队的官方预测与预期相差5%。群体的表现要好一些,但这是侥幸吗?

同年的晚些时候,塞弗茨开辟了一个位于公司中心的位置,供员工提交和更新从感恩节到年底的销售情况预测。有超过300名员工参与了这次活动,塞弗茨跟踪了群体的预测。2006年初,尘埃落定后他透露,内部专家8月的官方预测准确率为93%,而业余群体的预测只有0.1%的误差。[2]

百思买随后将更多的资源分配到它的预测市场,并称之为TagTrade。[3] 2 000多名进行了数万次交易的员工,对客户满意度评分、店铺开业到电影销售等一系列主题进行了预测,通过这些交易,市场为管理人员提供了有用的参考意见。例如,在2008年初,TagTrade显示,与正式的预测相比,新的笔记本计算机服务套餐的销量会令人失望。当初步结果证实了这一预测后,该公司取消了这一计划,并在同年秋天重新推出了该产品。尽管远非完美无瑕,但预测市场在大多数时候都比专家更准确,并为管理层提供了无法通过其他方式获得的信息。[4]

计算葡萄酒价值的方程式

我对葡萄酒没什么研究。如果我想在用餐时喝一杯,我几乎总是听从侍者或用餐同伴的建议,并天真地将愉悦感与酒的价格联系在一起。[5] 品酒在我看来就像欣赏艺术一样——美取决于品鉴者的味蕾。我一直把摇晃酒杯、啜饮、时髦的人群看作是博学的,而且还有点神秘。因此,当计量经济学家、耶鲁大学法学教授伊恩·阿瑞斯(Ian Ayres)在他的《魔鬼统计学》(Super Crunchers)一书中介绍了一个方程式,保证无须大喝一口就能揭示葡萄酒的价值时,可以想象我有多高兴。[6]

葡萄酒的价值 =–12.145 40+0.001 17 冬季降雨量 +0.616 40

平均生长季温度 –0.003 86 收获季降雨量

经济学家、葡萄酒爱好者奥利·阿什菲尔特(Orley Ashenfelter)计算出了这个回归方程,用以解释法国波尔多地区红葡萄酒的品质。长期以来,波尔多的葡萄酒商一直使用一致的方法生产葡萄酒,并认真记录了降雨量和温度,这为阿什菲尔特提供了丰富的数据。他发现天气和葡萄酒品质之间存在着明显的因果关系,于是他建立了一个方程式来量化两者之间的联系。尽管葡萄酒鉴赏家们打心眼里对此嗤之以鼻,但事实证明,阿什菲尔特对葡萄酒价值的预测非常准确,在判断浅龄葡萄酒时尤其有用。[7]

在这种情况下，计算机胜过了鉴赏家。多年来，葡萄酒饮用者不得不依靠专家的意见，而这些专家本身在品质和一致性方面的看法也各不相同。它需要一个局外人，而且是一位经济学家，来确定以前被忽视的关系。有了这个方程式，计算机就可以提供更快、更便宜、更可靠的评估，而且没有一丝势利。

专家不可被替代的 3 个领域

随着互联网利用群体智慧和计算能力的增长，专家在预测中体现价值的能力正在稳步下降。我称这种现象为"专家限制"（expert squeeze），并且它的证据越来越多。尽管有这种趋势，我们仍然渴望专家——那些拥有特殊技能或专门知识的个人，并相信许多形式的知识是技术性的和专门化的。我们公开听取穿着白色实验服或细条纹西装的人的意见，相信他们掌握着答案，我们对计算机生成的结果或一群新手的集体意见心存疑虑。[8]

"专家限制"指的是人们受困于陈旧的思维习惯，无法使用新方法来分析他们所面临的问题。要想知道何时超越专家的视野，需要一个全新的视角，而这并不是自然产生的。可以肯定的是，专家们的未来并不都是暗淡的。专家在一些关键领域仍具有优势。挑战在于知道何时以及如何发挥他们的优势。

那么，作为一个决策者，你如何应对专家限制呢？你必须认真思考你面临的问题。图 3-1 中显示了这个过程。从左边数第二列中列出的问题具有基于规则的解决方案且可能产生有限的结果。在这里，你可以根据过去的模式调查问题，并写下指导决策的规则。[9]专家们能很好地处理这些任务，但只要原则清晰、定义明确，计算机就是更便宜、更可靠的选择。想想诸如信用评分或简单形式的医疗诊断等任务。专家们能够就如何处理这些问题达成一致意见，因为解决方案是透明的，而且大部分都是经过检验的、真实的。

领域描述	基于规则的；结果数量有限	基于规则的；结果数量较多	基于规则的；结果数量有限	基于规则的；结果数量较多
专家表现	比计算机差	通常比计算机好	相等或劣于群体智慧	劣于群体智慧
专家一致意见	高	中	中/低	低
例子	• 信用评分 • 简单的医疗诊断	• 国际象棋 • 围棋	• 招生负责人 • 扑克	• 股票市场 • 经济

图 3-1 专家的价值

对于这些问题，专家最初是很重要的，因为他们能找出可行的规则或算法。想一想阿什菲尔特的例子。然而，潜在的秩序并不总是显而易见的。有时，专家们必须使用统计方法来找到系统中的结构，但找到之后，计算机就可以取而代之了。

21世纪初，美国哈拉斯赌场（Harrah's Casino）的经历就是一个很好的例证。多年来，与其他赌场一样，哈拉斯赌场对那些在高赌注赌桌上玩的豪赌客表示欢迎。然而，一项对客户数据的仔细研究显示，拥有可自由支配的时间和收入的中老年人贡献了最多的价值。因此，高管们利用这些数据从最好的客户那里获得了更高的忠诚度，同时仍然有效地管理着那些豪赌客。专家高管们一直延续的传统智慧，即豪赌客是价值最高的顾客，这种说法大错特错，但只有对数据进行新的分析才能发现。[10]

现在我们来看另一种极端情况，最右边的一列对应的是结果范围广泛的概率领域。这里没有简单的规则。你只能用概率来表示可能的结果，而结果的范围很广。例如经济和政治方面的预测。有证据表明，在解决这些问题时，群体的表现比专家好。例如，经济学家对利率的预测极为糟糕，常常无法准确猜测利率的变动方向，更不用说利率的正确水平了。[11]还要注意，专家们不仅不善于预测实际的结果，而且他们也很难达成一致。两个有同等资历的专家可能会做出相反的预测，从而做出相反的决策。

石油价格的预测就是一个例子。石油价格预测分为两个阵营。一个阵营是以马修·西蒙斯（Matthew Simmons）为代表的专家。他是一位投资银行家和能源顾问，他认为世界已经达到了石油开采的顶峰，因此石油价格很可能会上涨。另一个阵营的专家包括经济研究员丹尼尔·耶金（Daniel Yergin）。耶金认为，技术将使找到新的石油资源并从中获利成为可能。这两个阵营都有聪明且具有说服力的专家，但他们对石油未来价格的走向却得出了截然相反的结论。[12]

第 3 章 利用群体智慧做出决策，不盲目依赖专家

中间的两列为剩下的专家专区。专家们在处理结果数量较多并基于规则的问题时表现得很好，因为他们比计算机更擅长消除错误的选择，并且能非常聪明地将有限的信息联系起来。担任企业顾问的物理学家埃里克·博纳博（Eric Bonabeau）开发了一些程序，将计算机和专家结合起来寻找包装设计的解决方案。博纳博利用计算机进化原理，即重组和突变，生成替代方案，并让专家为下一代选择最好的设计方案。计算机能有效地创造出不同的设计方案，但没有品位。包括宝洁和百事可乐在内的大型消费品公司已经成功地利用这种技术使它们的产品脱颖而出。[13]

不过，随着计算机性能的提高，它们将继续在这一领域中占据一席之地。IBM 的超级计算机"深蓝"（Deep Blue）在 1997 年的一场国际象棋六局比赛中击败了当时的世界冠军加里·卡斯帕罗夫（Garry Kasparov）。然而，在围棋比赛中，人类仍然领先于计算机程序。围棋规则简单，但由于它更大的 19×19 的棋盘，与国际象棋相比，有更多的位置组合。这只是一个时间问题。随着计算能力的增强和成本的降低，计算机也将赢得这场战斗[①]。表 3-1 显示了在各种比赛中计算机与人类的胜负情况。

对于结果数量有限的概率性问题，专家们的结论是喜忧参半的。计算机和群体如果缺乏特定领域的知识，就会遭遇

---

① 2017 年 5 月，人工智能 AlphaGo 战胜了世界围棋冠军柯洁。——编者注

惨败。例如，一位专业教练可能会制定一个比计算机更好的比赛计划，因为他可以利用自己所掌握的团队和竞赛的独特知识。同样，高管们也可以更好地为自己的公司制定战略。[14]

表3-1 人类和机器，谁更有优势

比赛	机器	人类
桥牌		胜
西洋跳棋	胜	
国际象棋	胜	
围棋		胜
奥赛罗棋	胜	
拼字游戏	胜	

资料来源：Matthew L. Ginsberg, "Computers, Games and the Real World," *Scientific American Presents: Exploring Intelligence* 9, no. 4 (1998): 84-89.

一旦你将一个问题进行了正确分类，就能用最好的方法来解决它。正如我们将看到的，计算机和群体智慧在医学、商业和体育等许多领域仍然是未充分利用的决策指南。这就是说，专家至少在这三个领域仍然至关重要。**首先，专家们必须创建能够替代他们的系统**。塞弗茨帮助设计了比百思买内部预测表现更好的预测市场。在阿什菲尔特出现之前，评价波尔多的红葡萄酒在很大程度上是主观的。当然，专家们必须站在这些系统的顶端，根据需要改进市场或公式。

其次，我们需要专家制定策略。我指的是广义的策略，不仅包括日常战术，还包括通过识别相互联系来解决问题的能力，以及创新的创造性过程，即以新的方式组合想法。如何最好地挑战竞争对手的决策，执行哪些规则，或者如何重组现有结构模块以创造新的产品或体验，这些都是专家的工作。

最后，我们需要人与人之间的交流。许多决策涉及心理学和统计学。领导者必须了解他人，做出正确的决策，并鼓励他人接受自己的决策。

数据比专家更了解你的喜好

20世纪90年代初，我和妻子住在纽约市，晚上除了看电影之外，我们还会去当地的音像店逛逛。和那个时代的其他音像店一样，我们去的那家店也有几名员工，他们很乐意根据你以前喜欢的电影和你当时的心情，为你推荐电影，甚至还会时不时地给你推荐一些与众不同的电影。考虑到他们的影片库存相对较少，而且对我们的电影品位了解有限，这些员工还是很有帮助的。

奈飞[1]是一家成立于1997年的在线DVD租赁公司，它很早就意识到，成功地将用户与电影匹配起来，是提升客户满意度的关键，这也是该业务的活力所在。2000年，该公司

---

[1] 深入解读奈飞文化的力作《奈飞文化手册》中文简体字版已由湛庐策划、浙江教育出版社出版。——编者注

推出了一项名为 Cinematch 的服务,这是一个算法程序,它可以将观众和影片配对。利用消费者的反馈,Cinematch 迅速提高了它预测消费者喜好的能力,推动了奈飞超过一半的租赁业务,在让用户满意的同时,减少了对新产品的依赖。但该公司的高管们意识到,Cinematch 并不能解决所有问题。所以在 2006 年,他们发出了一项挑战:奈飞愿意支付 100 万美元的奖金,得到一个比 Cinematch 预测消费者偏好强 10% 的计算机程序。

我写这本书的时候,奈飞的奖项还在争夺中,领先组比 Cinematch 的预测能力强 9.80%。这里有两点需要强调。首先,一些非常伟大的人正在努力解决的这个问题,对他们来说其价值远低于它对奈飞的价值。奈飞的高管们坦率地表示,一个成功的算法价值超过 100 万美元。其次,Cinematch,或者任何最终取代它的程序,比纽约市的音像店店员要好得多。[15]

奈飞的算法给出的推荐与当地音像店店员给出的建议,其品质存在着天壤之别,这说明了本章介绍的第一个决策错误:使用专家而不是数学模型。我承认,这个错误令人难以接受,令各类专家颜面扫地。但它也是社会科学中记录最全面的发现之一。

1954 年,明尼苏达大学心理学家保罗·米尔(Paul Meehl)出版了一本书,回顾了他将心理学家和精神病学家的临床判断与线性统计模型进行比较的研究。他确保这些分析都是认真完成的，因此他确信比较是公平的。在一次又一次的研究中，统计方法超过了专家的表现或与专家的表现相当。[16]

加州大学伯克利分校心理学家菲利普·泰洛克（Philip Tetlock）完成了一项关于专家预测的详尽研究，其中包括来自60个国家的300名专家在15年间做出的2.8万个预测。泰洛克要求专家们预测政治和经济结果，这些是具有大量结果的概率领域。泰洛克总结了他的研究结果，并直截了当地说："在任何领域里，人类都不可能明显地胜过简略的外推算法，也就是不那么复杂的统计算法。"[17]

尽管这些研究已有几十年的历史，并且给出了充分的证据，但人们在很多领域依赖专家的做法几乎没有改变。事实上，大多数人很难将大量的统计证据运用到眼前的判断中。当你面临决策时，问问自己，你是更愿意从Cinematch还是从音像店柜台后面的店员那里得到下一次的电影推荐。你现在知道你从哪里能获得更多的观影乐趣了。

群体智慧更适合解决复杂的问题

百思买的例子"一群只掌握有限信息的非专家比专家的表现更好"，揭示了本章的第二个决策错误：依靠专家而不是群体智慧。要理解为什么群体通常是明智的，我们需要深入观察群体智慧是如何发挥作用的。当然，有的时候群体也是非常不明智的。但在继续了解之前，先思考一个问题。为什么一群非专家比公司内部的专家预测得更好呢?

斯科特·佩奇（Scott Page）是一位社会科学家，研究由群体解决的问题，他为理解群体决策提供了一种非常有用的方法。他称之为"多样性预测定理"（diversity prediction theorem），该定理的内容是：[18]

群体误差 = 平均个体误差 − 预测多样性

该定理使用平方误差法作为度量准确性的方法，这是社会科学和统计学研究人员通常采用的一种方法，因为它确保了正负误差不会相互抵消。[19]

平均个体误差反映了个体猜测的准确性。你可以把它看作一种度量能力的手段。预测多样性反映了猜测的分散性，或者猜测的差异性。当然，群体误差仅仅是正确答案和平均猜测之间的差异。斯科特在他的《多样性红利》①一书中深入讨论了多样性预测定理，并给出了该定理的许多实际应用场景。

我通过让学生猜测罐子里的软糖数量来说明多样性预测定

---

① 斯科特·佩奇在《多样性红利》中指出一个人是否聪明不是由智商决定的，而是取决于认知工具的多样性。该书中文简体字版已由湛庐策划、浙江教育出版社出版。他的另一部作品《模型思维》中文简体字版也已由湛庐策划、浙江人民出版社出版。——编者注

理，并向他们展示群体误差、平均个体误差和预测多样性。例如，有一年，学生们的平均猜测是 1 151 颗软糖，而实际数字是 1 116 颗，误差约为 3%。平均每个人相差了约 700 颗软糖（而且猜测并没有呈钟形分布）。但多样性足够高，足以抵消大多数个体误差，只留下一个小的群体误差。

多样性预测定理告诉我们，多样化的群体总是能比群体中的普通个体做出更准确的预测。不是有时，而是总是。这表明我们应该保持谦虚，但大多数人并不认为自己处于平均水平，当然也不认为自己低于平均水平。然而，在现实中，肯定有一半的人低于平均水平，所以，如果你有可能成为他们中的一员，那么你应该找出原因。

同样重要的是，群体准确性等于个体能力与群体多样性之和。你可以通过增强个体的能力或增加多样性来减少群体误差。个体的能力和多样性都很重要。这对于衡量市场的健康程度或组建一个成功的团队是有意义的。[20]

最后要说明的这一点虽然定理中没有明确说明，但群体往往比最好的个体表现更好。因此，一个多样化的群体总是比群体中的普通个体好，也经常比群体的所有人好。在软糖实验中，73 名学生中只有 2 个人的表现比大家的共识要好。这对专家来说不是好消息，对所有决策者来说都是极大的羞辱。

有了多样性预测定理，当群体预测良好时，我们就能安心。要想让群体预测表现良好，必须满足3个条件：多样性、汇总和激励。每个条件都要进入方程。多样性减少了群体误差。汇总确保了市场考虑每个人的信息。激励机制鼓励人们只有在他们认为自己有预测能力的时候才去参与，这有助于减少个体误差。

显然，群体不能解决所有问题。如果你的水管需要修理，找一名水管工比找一个英语文学专业的学生、一个和平队志愿者和一个天体物理学家一起来解决要好得多。但是，当问题很复杂且可指定的规则无法解决时，群体通常比专家更有价值。

可以相信直觉，但要经过训练

一项调查显示，《财富》1000强公司的高管中，近一半的人说他们依靠直觉做决策。事实上，畅销书推崇直觉，而商业和医学界则特别推崇凭直觉做出看似神秘的决策。[21] 这里只有一个问题：直觉并不总是靠得住。这个想法引入了我们要介绍的第三个决策错误：不恰当地依赖直觉。直觉在决策中起着明确而积极的作用。我们的目标是认清直觉什么时候对你有用，什么时候会把你引入歧途。

想想丹尼尔·卡尼曼在2002年诺贝尔经济学奖的获奖感言中描述的两种思考系统。系统1是经验系统，它"快速、自动、不费脑力、具有联想能力且难以控制或修改"。系统2是分析系统，它"较慢、连续、需要耗费脑力和刻意控制"。

在卡尼曼的模型中，系统1使用感知和直觉来产生对物体或问题的印象。这些印象是无意识产生的，个体可能无法解释它们。卡尼曼认为系统2就包含在所有的判断中，不管个体是不是有意识地做出决策。直觉是一种反映印象的判断。[22]

通过在某一特定领域进行实质性的、有目的的练习，专家们可以训练并填充他们的经验系统。因此，国际象棋大师可以非常迅速地判断棋盘上的位置，而运动员知道在特定的比赛情况下该做什么。专家们有效地将他们所处理的系统的显著特征变成他们意识的一部分，将注意力用在更高层次的分析性思维中。这就解释了专家的一些普遍特征，包括：[23]

- 专家能够在他们的专业领域中感知模式。
- 专家解决问题的速度比新手快得多。
- 专家比新手看待问题更深入。
- 专家能够高质量地解决问题。

因此，直觉在稳定的环境中能更好地发挥作用，在这种环境中，条件基本保持不变，例如棋盘和棋子，因此反馈是清晰的，因果关系是线性的。当你要处理的是一个变化的系统，尤其是有相变的系统时，直觉是不起作用的。尽管直觉有着近乎魔法的含义，但在这个日益复杂的世界里，它变得越来越不重要了。

再次强调一点。我建议人们通过刻意练习（deliberate practice）来训练他们的经验系统，从而成为专家。刻意练习有一个非常具体的含义：它包括设计用来提高表现的活动、可重复的任务，并且包含高品质的反馈，但不太有趣。大多数人，甚至是所谓的专家，都远远无法满足刻意练习的条件，因此也无法培养拥有可靠的直觉必备的能力。[24]

利用群体智慧也要有所节制

虽然我赞扬了计算机和群体的优点，但我还是要在本章要介绍的最后一个错误中提出警告：过于依赖基于公式的方法或群体智慧。虽然计算机和群体可以是非常有用的，但还没有到你可以盲目信任的地步。

马尔科姆·格拉德威尔（Malcolm Gladwell）所说的"不匹配问题"就是过分依赖数字的一个例子。[25] 当专家们使用表面上客观的方法来预测未来的表现时，你马上就会意识到问题的存在。在许多情况下，专家所依赖的指标几乎没有或根本没有预测价值。

不匹配问题的一个有代表性的例子就是美国职业体育联盟的做法。许多联盟会在选秀前召集有潜力的业余选手，在球探的细心观察下，让他们进行一系列旨在评估技能的测试，包括举重、跑步、敏捷性训练等身体活动和心理测试。然后，组织者根据每位选手的表现对其进行排名。在某些情况下，一个相对好的或坏的表现明显会影响一个球员的选秀位置，从而影响他未来的预期收入。职业体育联合会压力大、成本高、耗时。

但在对美国国家橄榄球联盟成绩的详细回顾中，商业学教授弗兰克·库兹曼斯（Frank Kuzmits）和亚瑟·亚当斯（Arthur Adams）发现，综合排名与随后的表现之间没有一致性的关系。有一个例外：冲刺速度有助于预测跑卫（running back）[①]的表现。[26]曲棍球和篮球联合会的结果是相似的。虽然量化和标准化了，但结果只是度量了错误的东西。

格拉德威尔认为，不匹配问题远远不止存在于运动领域。他引用了教育界、司法行业和执法人员的例子，比如学历并不能很好地预测学生的表现，以较低的平权法案标准被法学院录取的人，毕业后的表现和同学们一样好，身材魁梧的警官可能不适合从事过多涉及人际关系的工作。你可以很容易地看到这个问题是如何延伸到各种工作的面试中去的，因为面试中的问题和答案很少能反映你的预期表现。

对群体智慧的盲目信任也是愚蠢的。尽管自由市场的拥护者辩称，价格反映了现有最准确的评估，但市场极其容易出错。这是因为，当违反了群体智慧3个条件（多样性、汇总和激励）中的一个或多个时，群体误差就会增加。毫不奇怪，多

---

① 跑卫是美式橄榄球中持球跑动进攻的球员。——译者注

样性是最可能无法满足的条件,因为我们天生具有社会性和模仿性。2008 年,认为大布朗将赢得贝尔蒙特锦标赛的呼声越来越高,就是多样性崩溃的一个很好的例子,就像 20 世纪 90 年代末互联网时代股市的过度繁荣,以及 2007 年至 2009 年的金融危机一样。

科学家们在理解导致多样性崩溃的过程方面取得了很大进展。例如,当人们根据他人的行为而不是自己掌握的信息做出决策时,就会出现信息级联(information cascades)。这些级联有助于解释繁荣、时尚、流行和崩溃。研究个体或组织如何相互联系的社会网络理论,提供了一个框架,用于理解这些级联如何在庞大的群体中扩散。[27]

在较小的群体中也会出现多样性崩溃。如果你曾经是委员会、陪审团或工作组的一员,你可能见过这种情况。多样性的丧失通常是由于群体中存在占主导地位的领导者、事实的缺失,或者认知的同质性。为了说明后者,哈佛法学院教授卡斯·桑斯坦(Cass Sunstein)①和一些同事将自由派和保守派分成志同道合的两组,让他们就同性婚姻和平权法案等存在争议的社会性问题展开讨论。在大多数情况下,该小组最后达成的观点比大多数人在讨论前的访谈中表达的观点更为极端。在与小组成员相处一段时间后,个体的观点变得更加一致。没有多样性,群体无论大小都可能大错特错。[28]

---

① 卡斯·桑斯坦的新书《助推 2.0》中文简体字版已由湛庐策划,即将出版。——编者注

如何避免专家限制,做出正确的决策

THINK TWICE
Harnessing the Power of Counterintuition

1. 用最合适的方法解决你所面临的问题。 正如我们在本章中看到的那样,各种各样的决策问题需要各种各样的解决方案。所以要认真考虑你正在做什么样的决策,什么样的方法对你最有帮助。我们知道的是,专家在很多情况下都做得不好,建议你尝试用其他方法来补充专家的观点。

2. 寻求多样性。 菲利普·泰洛克的研究表明,尽管专家的预测总体上很差,但有些预测会比其他预测好。预测能力高超不取决于专家是谁或者他们相信什么,而是他们怎么想。通过以赛亚·伯林(Isaiah Berlin)的书中借用公元前7世纪希腊诗人阿尔基洛科斯(Archilochus)的诗句,泰洛克将专家分为刺猬和狐狸。刺猬只知道一件大事,并试图通过它来解释一切。狐狸往往对很多事情都只知道一点点,对于复杂的问题也不会只给出一种解释。

泰洛克发现,相较刺猬,狐狸是更好的预言者。狐狸通过将"多样的信息来源"拼接在一起来做决策,它们相信多样性的重要性。当然,刺猬偶尔也是正确的,而且经常是引人注目的,但总体来说,它们的预测能力不如狐狸。[29] 对于许多重要的决策,多样性在个体和群体层面都非常关键。

3. 在可能的情况下使用技术。 就像百思买和哈拉斯赌场所做的那样,利用技术来抵消专家带来的限制。虽然使用计算机和数据来解决问题的组织在增加,但整体数量仍令人遗憾。

面对蜂拥而至的求职者,谷歌公司意识到大多数面试都是没有价值的,于是决定创造一种算法来识别引人注目的潜在员工。首先,该公司让经验丰富的员工填写了一份包含 300 个问题的调查问卷,以了解他们的任期、行为和个性等细节。该公司随后将调查结果与员工表现评估进行比较,从而找出两者之间的联系。在这些发现中,谷歌的高管们认识到学术成就并不总是与工作表现相关。这种新颖的方法使谷歌能够回避无效面试这一问题,并开始处理这种矛盾。[30]

有时,组织不会利用已经可用的和相关的信息。我曾与美国红十字会负责灾难服务的高管一起参加了一个小组讨论,他负责对国家灾害进行准备和做出反应。他讲述了卡特里娜飓风过后救灾工作的惊人故事,并提到了即将面临的其他风险。根据那天早上我从一个预测市场收集到的价格信息,我在讲话中表达了各种可能出现的灾难——禽流感的传播、恐怖活动以及飓风出现的频率。

我的话显然引起了这位高管的兴趣,他在正式会议结束后很快找到了我。我所讨论的灾难正是他需要操心的事,但他永远无法及时判断它们发生的可能性。在这种情况下,缺少的组件只是意识到有现成可用的数据。

第 3 章　利用群体智慧做出决策，不盲目依赖专家

你可以在书架上放满赞美群体智慧、直觉、数字运算或专家的书。但作为一个深思熟虑的决策者，你的首要任务是找出问题的本质，然后考虑如何最好地解决它。因为所有的方法都有优点和缺点，所以没有唯一的解决方案。

也就是说，专家限制是真实存在的。技术正在使决策者获得有价值的见解，一些组织正在转向新的方法来为他们的决策提供信息。但最大的障碍是，我们大多数人在把之前由专家做决策的工作交给计算机或群体时，会感觉十分不适。虽然对专家不利的证据明显而确凿，但人性仍然是一个很大的障碍。

THINK TWICE

HARNESSING THE POWER OF COUNTERINTUITION

第 4 章
摆脱情境的控制,我们并没有
自己想象中那么乐观

周围人的启动效应、默认选择、情感和行为影响着我们如何做决策,而且我们往往意识不到这些。一个深思熟虑的决策者知道有这些各式各样的影响存在,并努力成功地管理它们。

第 4 章 摆脱情境的控制，我们并没有自己想象中那么乐观

那个名叫托尼、鼻尖上架着一副眼镜的中年男人是最后一个回答的。他眉头紧锁，显得很紧张。"我也一样。"他并不确定地答道。托尼的这种错误回应，为所罗门·阿希（Solomon Asch）著名的社会心理学实验"群体压力下的从众性研究"提供了证据。

阿希在 20 世纪 40 年代首次进行了这些实验。他召集了一个由 8 人组成的群体。真实受试者不知道的情况是其他 7 名受试者是实验人员事先安排的。阿希要求他们完成一项琐碎的任务，即从 3 条长度不等的直线中选取一条来匹配给定长度的直线。这个过程很简单，在控制组做出回答时，受试者的答案几乎没有错误。然后，阿希开始了实验，提示事先安排的受试者给出错误的答案，看看最后一个回答的受试者会做何反应。虽然有些人仍然坚持己见，但约有 1/3 的受试者认同群体的错误判断。[1]

这个实验表明，**群体决策，即使是那些明显很糟糕的决策，也会影响我们的个人决策。**

人们经常会提到阿希的实验，大多数讨论这个实验问题的人只是指出了个体的从众程度。但真正的问题是：那些从众者到底在想些什么？阿希对此也感到疑惑。在仔细观察的基础上，他提出了三个描述性的分类来解释从众行为：

- **判断扭曲**（distortion of judgment）。这些受试者得出的结论是，他们的理解是错误的，而群体是正确的。
- **行为扭曲**（distortion of action）。这些人为了与大多数人站在一起而不去表达自己知道的东西。
- **认知扭曲**（distortion of perception）。这群人没有意识到大多数人的意见扭曲了他们的判断。

阿希认识到，弄清楚为什么人们会从众和发现他们确实会从众一样重要。但由于工具的限制，他没有具体的方法来弄清楚从众背后的心理过程。

50年后，在美国埃默里大学的功能性磁共振成像实验室，神经学家格雷戈里·伯恩斯（Gregory Berns）决定针对阿希的实验换一种形式再做一个实验，他的宏伟目标是确定从众个体的大脑中究竟发生了什么。伯恩斯将任务从匹配线条改为判断一个三维图形在旋转一段时间后与之前的图形是否相同，见图4-1。虽然比阿希的任务要困难一些，但在控制组的实验环节，受试者的答案90%是正确的。与阿希的结果相似，伯恩斯发现，即使有些个体坚持自己的观点，但当群体给出错误答案时，大约有 40% 的人会从众。[2]

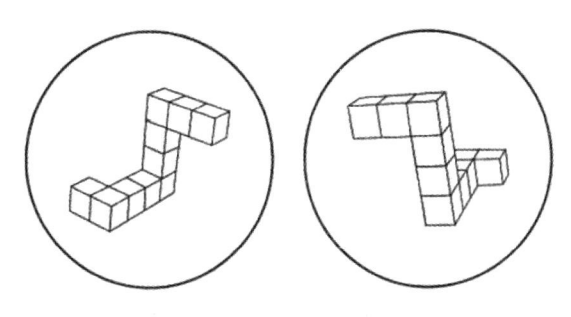

图 4-1 阿希实验的变化形式——旋转的三维图形

资料来源：*Biological Psychiatry*, Gregory S. Berns, Jonathan Chappelow, Caroline F. Zink, Giuseppe Pagnoni, Megan Martin-Skurski, and Jim Richards, "Neurobiological Correlates of Social Conformity and Independence During Mental Rotation," June 22, 2005, 已得到生物精神病学学会的允许。

伯恩斯拥有一些阿希望尘莫及的东西——一台功能性磁共振成像机器，让伯恩斯可以通过观察受试者的大脑来测试阿希的描述性分类。对于判断扭曲或行为扭曲，你会认为是前脑的活动，而认知扭曲会发生在大脑后部，即控制视觉和空间感知的区域。

可能与你的预期相反，科学家看到从众受试者大脑中负责心理旋转区域的活动。这表明，群体决策影响受试者的认知。同样令人惊讶的是，研究人员没有发现大脑额叶的活动发生明显的变化。额叶是与判断或行为等高级精神活动相关的区域。伯恩斯认为，群体的错误答案在从众者的脑海中形成了一个虚拟的形象，蒙蔽了他们的双眼。"我们相信眼见为实，"伯恩斯说，"但是眼见就是相信群体告诉你要相信的。"[3]

面对群体的错误反应时，那些坚持己见的人的大脑中发生了什么？这些受试者的杏仁核中的活动增强，该区域负责发送信号，为立即采取行动做准备。恐惧是杏仁核最有效的触发器，会引发"战斗或逃跑"的反应。因此，那些坚持己见的受试者的大脑活动表明，虽然坚持己见是值得称赞的，却是不愉快的。[4]

伯恩斯为美国广播公司的电视节目《黄金时间》（Primetime）做了一项在电视上播放的研究，托尼就是其中的一名参与者。伯恩斯从大街上招募了一些人，将他们分成6人一组，并在直播的情况下重复了这个实验。托尼是伯恩斯所在的组中的受试者。在实验正式开始之前，托尼的旋转任务的正确率达到90%，但在面对群体的错误答案时，他的正确率竟下降到10%。"你懂的，5个人都看到，而我没有。我只是随大流。"托尼在实验后说。现在我们知道原因了。[5]

无意识影响下的决策

本章的核心信息是，我们所处的情境极大地影响了决策。接下来的错误尤其难以避免，因为这些影响很大程度上是潜意识层面的。面对潜意识的压力，做出好的决策需要掌握非常多的背景知识，并且需要有强烈的自我意识。

第 4 章 摆脱情境的控制，我们并没有自己想象中那么乐观

当你读到"宝藏"这个词的时候，你有什么感觉？你感觉好吗？你会想到什么画面？你是否和大多数人一样，只是反复思考"宝藏"会让你的心情稍微变得愉快。我们的大脑会很自然地把各种想法联系起来。因此，如果有人给了你一个提示，比如一个词、一种气味、一个符号，你的大脑通常就会开始联想。可以肯定的是，最初的提示将影响等待在道路尽头的决策。所有这些都发生在你的感知之外。[6]

周围的人也会影响我们的决策，而且通常是有充分理由的。社会影响的产生有几个原因。第一个原因是信息不对称，一个花哨的短语意味着某人知道你不知道的事情。在这些情况下，模仿是有意义的，因为信息升级能让你做出更好的决策。

同伴压力，或者想要成为群体一员的愿望，是社会影响产生的第二个原因。为了更好地进化，人类喜欢成为一个群体的一部分，一个由相互依赖的个体组成的集合，自然会花费大量的时间来评估谁是"自己人"，谁是"外人"。[7]社会心理学的实验已经反复证实了这一点。研究人员在近 20 个国家做了 100 多次阿希实验，并发现了不同地理区域的从众水平相似。当然，从众也是多样性崩溃的要因，导致了不健康的群体行为。

斯坦福大学社会心理学家李·罗斯（Lee Ross）创造了"基本归因错误"（fundamental attribution error）这个术语，用来描述人们倾向于用个体的性格而非实际情境来解释行为。我们很自然地把坏行为和坏性格联系在一起，除非是评估自己的

行为。我们更容易把自己的不良行为解释为是受社会环境的影响。[8]

也许情境力量最令人不安的一面是,它既可以为善也可以为恶。对于那些正在做重要决策的人来说,情境的负面影响尤其令人担忧。人类所知的一些最严重的暴行,就是源自把普通人置于恶劣的情境中。虽然我们都愿意相信我们的选择在很大程度上与所处的环境无关,但证据强烈地表明并非如此。

包括心理学家在内的大多数人都认为,决策错误在不同文化和时间里都是普遍适用的。但密歇根大学心理学家理查德·尼斯比特(Richard Nisbett)的研究表明,东方人和西方人对行为产生原因的理解存在着重要的文化差异。不同的经济、社会和哲学传统形成了对社会事件的两种不同看法。东方人给出的解释更多的是情境性的,而西方人则更关注个体。这导致了一系列潜在的认知差异,包括注意力模式(东方人习惯关注环境,西方人习惯关注事物),对控制程度的信念(西方人认为他们更能控制局面),以及对变化的假设(东方人对改变持更开放的态度)。[9]

一项关于媒体如何处理两起先谋杀后自杀案件的研究,凸显了东西方的认知差距。1991年秋,一名物理系学生在一场有奖比赛中失利,由于申诉失败,他可能无法保住一份做学术研究的工作。于是,他去物理系的办公室枪杀了他的指导教师,也就是处理申诉的人,然后自杀。两周后,一名邮政工人失业了,申诉失败,也找不到工作。他冲进邮局,枪杀了审查他的申诉的上司,然后自杀。

第4章 摆脱情境的控制，我们并没有自己想象中那么乐观

研究人员比较了媒体对这些事件的处理方式，包括《纽约时报》(New York Times，英文日报) 和《世界日报》(World Journal，中文报刊)[①]，看看是否存在认知差异。他们发现西方媒体主要关注行凶者的性格缺陷和问题，比如"脾气很坏""精神不稳定"，而东方媒体则强调关系和社会背景，比如"与他的导师相处不好""受到得克萨斯州近期大量杀人事件的影响"。对东西方大学生的后续调查得出了相同的结论。虽然所有人在某种程度上都容易受到基本归因错误的影响，但这种倾向在东西方文化中是明显不同的。[10]

音乐会影响你对酒的选择吗

想象一下，你正漫步在超市的过道上，看到了摆在旁边的法国葡萄酒和德国葡萄酒，它们的价格和品质都差不多。你快速比较了一下，把一瓶德国葡萄酒放进了购物车，然后继续购物。结账后，一位研究人员走过来问你为什么买德国葡萄酒。你提到了酒的价格、涩度，以及你期待它能为你正着手安排的一顿饭增色。然后研究人员问你是否注意到了正在播放的德国音乐，以及它是否对你的决策有任何影响。像大多数人一样，你承认听到了音乐，但声明这与你的选择无关。

这个场景是以实际的研究为基础，研究结果揭示了本章要

---

① 旧称 Chinese Daily News，是全美重要的中文报刊，于1976年创刊，是由中国台湾联合报系在美国和加拿大发行的中文报纸。——编者注

介绍的第一个错误：相信我们的决策与经历无关。在这个测试中，研究人员将法国葡萄酒和德国葡萄酒放在一起，旁边还插有小国旗。在两周的时间里，科学家交替播放法国手风琴曲和德国小酒馆里播放的曲子并观察结果。当播放法国音乐时，法国葡萄酒的销售额占比 77%，当播放德国音乐时，消费者选择德国葡萄酒的比例为 73%，见图 4-2。音乐对促成购买产生了巨大的影响，但消费者并不这么认为。

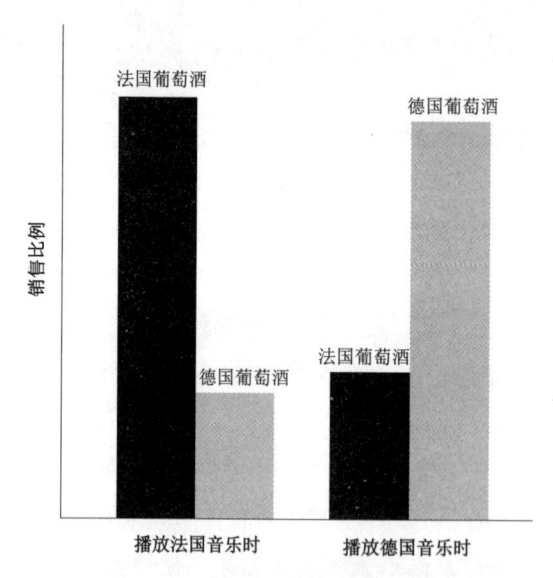

图 4-2　音乐在潜意识层面影响购买决策

资料来源：Adrian C. North, David J. Hargreaves, and Jennifer McKendrick, "In-store Music Affects Product Choice," *Nature* 390 (November 13, 2007), 13.

尽管顾客承认音乐让他们想起了法国或德国，但 86% 的人否认音乐对他们的选择有任何影响。[11] 这个实验是启动效应

(priming effect)的一个例子,心理学家将其正式定义为"当前情境下偶然激活的知识结构"。[12] 换句话说,通过感官进入的东西会影响我们的决策,即使在逻辑上看起来两者完全不相关。启动效应并不局限于音乐。研究人员还利用文字、气味和视觉背景等手段来操纵行为。例如,研究表明:

- 在看到与老年人相关的词后,受到影响的受试者比看到中性词的受试者走起路来速度要慢13%。[13]
- 闻到万能清洁剂的气味促使受试者在吃脆饼的同时更加注意保持环境的整洁。[14]
- 在浏览描述两款沙发模型的网页过程中,当受试者看到蓬松的云彩背景时,会选择更舒适的沙发,而当他们看到硬币背景时,则会选择更便宜的沙发。[15]

如果你在聚会上提到启动效应,有人会不可避免地提到潜意识广告,比如为了增加销量而在影片放映前快速播放的食品广告。这个花招之所以不起作用,是因为启动物和受试者的情境目标之间的联系通常太弱了。当你坐在影厅的座位上时,你的情境目标是看电影,而不是选择软饮料品牌。要想使启动效应起作用,联想必须足够强大,个人必须处于联想能够激发行为的情境中。

默认选项,助推的作用

你赞成器官捐献吗?你是否已同意成为器官捐献者?如果

你和大多数人一样,对第一个问题的回答就是肯定的,但对第二个问题的回答在很大程度上取决于你生活在哪个国家。以德国和奥地利为例,只有12%的德国人明确同意捐献自己的器官,而几乎100%的奥地利人都表示假定同意,见图4-3。区别在哪里?在德国,你必须选择加入,成为捐献者。在奥地利,你必须选择退出,以避免成为捐献者。同意程度的差异与捐献的态度关系不大,与默认捐献方式关系更大。差异转化成了挽救的生命数量;在选择退出的国家,器官捐献的实际比例要高得多。[16]

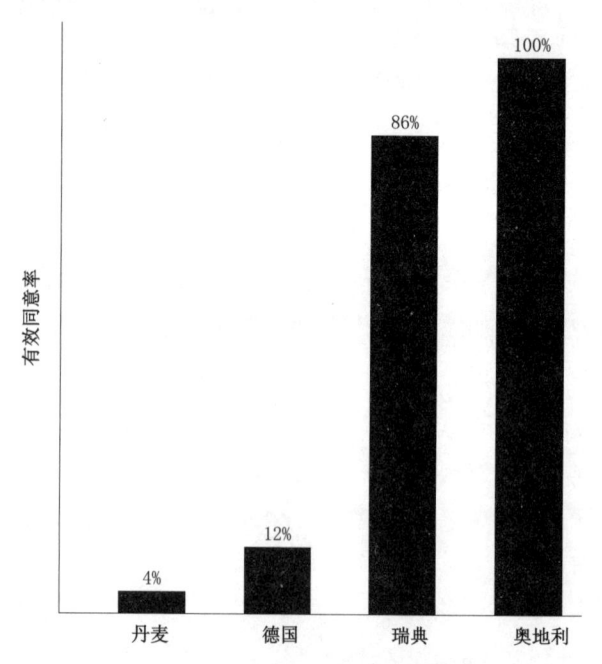

图 4-3 "选择加入"和"选择退出"政策对同意率的影响

资料来源:Eric J. Johnson and Daniel Goldstein, "Do Defaults Save Lives?" *Science* 302 (November 21, 2003), 1338-1339.

第 4 章 摆脱情境的控制，我们并没有自己想象中那么乐观

捐献者的统计数据指向了第二个错误：人们认为什么是自己最好的选择，这一想法与对应的选项是如何呈现的没有任何关系。实际上，许多人只是使用了默认选项。这适用于各种各样的选择，从像新手机的铃声这种无关紧要的问题，到储蓄、教育选择和医疗选择等重要的问题。经济学家理查德·塞勒和法学教授卡斯·桑斯坦把选择的呈现方式和最终决策之间的关系称为"选择架构"。他们有理有据地指出，只是设置一下选项的顺序，就可以轻易地促使他们做出特定的决策。[17]

组织选择的人，为决策创建了环境。由于很多人选择默认的替代方案，无论是好是坏，选择架构师都可以影响大型团队的决策品质。塞勒和桑斯坦提倡一种他们称之为"自由意志的家长制"（libertarian paternalism）的观点。这种观点认为，默认选择对许多人来说是好的选择，但如果他们愿意，也可以脱离默认选择。前一种选择类似"家长制"，后一种选择类似"自由意志主义"。选择架构师无处不在，比如医生、商人和政府官员，他们的工作技能和意识各不相同。

一位在演讲圈很受欢迎的心理学家给我讲了这样一个故事，这个故事表明选择架构仍然被低估了。当公司打电话邀请他演讲时，他会给出两种选择：要么付给他固定的费用，然后得到一个标准的演讲，要么不给他任何报酬，但条件是与他一起改进选择架构的实验，例如重新设计表格或网站。选择后一种，心理学家得到的好处是，获得选择架构更多真实的结果，而对公司来说，这似乎也是一笔不错的交易，因为改进的架构

带来的经济效益可能会远远超过他的演讲"费用"。但他遗憾地指出，到目前为止，还没有一家公司接受他的实验方案。

我喜欢 X，因此我决定支持 X

你认识经常买保险和买彩票的人吗？如果认识，你可以把他们描述成普通人，同时也是违反期望效用原则的人。购买保险和彩票的人犯了第三个错误：依赖于对风险的即时情绪反应，而不是对未来可能结果的公正判断。[18]利用反应快速、依靠经验的系统1和反应较慢、依靠分析的系统2之间的区别是，当经验系统凌驾于分析系统之上时，这个错误就出现了，导致人们做出与理想情况相去甚远的决策。

这一中心思想叫作情感，即对刺激的积极或消极的情绪印象对决策的影响。它的基本概念是，我们对某件事的感觉会影响对它的决策。情感反应迅速而无意识地发生，难以管理，而且超出了我们的意识。正如社会心理学家罗伯特·扎琼克（Robert Zajonc）所说："虽然我们不愿意承认，但在许多决策中，情感起的重要作用远超我们的想象。我们有时会欺骗自己，认为自己是以一种理性的方式进行决策，并权衡各种选择的利弊。但这种情况可能很少发生。很多时候是'我决定支持X'只不过是因为'我喜欢X'"。[19]情感是情境性的，因为它通常伴随着鲜明的结果或特定的个人经历。[20]

对情感的研究揭示了与概率和结果相关的两个核心原则。

首先，当一个机会的结果没有强烈的情感意义时，人们就会过分地看重概率。俄勒冈大学心理学教授保罗·斯洛维奇（Paul Slovic）举了一个例子。他让一组人对一个能挽救150条生命的系统进行评分，让另一组人对一个能挽救150条生命中98%的系统进行评分。尽管拯救150条生命的系统显然更好，但结果是能拯救98%的生命的那个选项得到了更高的评分。原因是，第一组人在150这个数字中没有发现什么情感价值。而98%接近100%这种理想情况，因此情感价值更强。因此，概率在评分中起着决定性作用。[21]

相反，结果鲜明时，人们较少关注概率，会过多地关注结果。例如，彩票玩家对于中奖概率是千万分之一还是万分之一的感觉都是一样的，因为彩票的奖金数额如此之大，包含着如此多的情感意义。这种对概率的不敏感性就是人们同时买彩票和保险的原因：彩票收益或财产损失所承载的情感价值超过了与之相关的中奖或损失的概率。

留心你的周围

"普通人在完成他们的工作的过程中，即使没有心怀任何特别的敌意，也可能成为一个可怕的破坏过程的执行者。"心理学家斯坦利·米尔格拉姆（Stanley Milgram）[①]写道。[22] 他的话总结了他从"服从权威"的著名研究中得到的重要教训。米尔格拉

[①] 《好人为什么会作恶》一书全面记述了心理学大师斯坦利·米尔格拉姆的一生。该书中文简体字版已由湛庐策划、浙江人民出版社出版。——编者注

姆师从阿希，指出在某些环境下，受试者会屈服于权威，用高强度电击来惩罚另一个实验参与者。当然，电击是假的，尽管实验受试者自己并不知道，但在实验监督者的权威监督下，大多数人都顺从地完成了会令对方感到痛苦的电击。受试者使用的电击强度比实验前各小组预测的要高，大约有一半的受试者继续执行了强度最高的电击，而电击器上明明标注着 XXX 伏电压，这种情况真令人痛心。美国圣塔克拉拉大学心理学家杰里·伯格（Jerry Burger）完成了一项修正实验，其结果与米尔格拉姆在几十年前所做实验的结果相似。[23]

米尔格拉姆的实验引出了本章的最后一种错误类型：用性格来解释行为，而不是考虑实际情境。这是对基本归因错误的重申。关键的一点是，大多数人，尤其是西方人，通常并不承认情境的强人作用。群体意识和环境的结合为严重偏离规范的行为奠定了基础。

斯坦福大学心理学家菲利普·津巴多（Philip Zimbardo）[1]在 1971 年做过一项实验，在展现情境的力量方面，该实验与阿希和米尔格拉姆的实验齐名。首先，津巴多刊登了一则广告，为一项为期两周的监狱实验招募志愿者，报酬为每天 15

---

[1] 当代著名的心理学大师，曾荣获"心理学科学终身成就奖"，被誉为"当代心理学的形象与声音"。菲利普·津巴多在心理学领域贡献卓著，设计了震惊世界的"斯坦福监狱实验"。他的代表作《津巴多口述史》中文简体字版已由湛庐策划、浙江教育出版社出版。他的另一部分作品《不再害羞》中文简体字版也已由湛庐策划、北京联合出版公司出版。——编者注

第 4 章 摆脱情境的控制，我们并没有自己想象中那么乐观

美元。他对 70 名申请者进行了心理和身体测试，最终选出了 24 名来自加州帕洛阿尔托地区的身体健康、心理稳定的中产阶级男性学生。

通过抛硬币，津巴多选出一半的志愿者扮演囚犯，另一半扮演狱警。一天早上，帕洛阿尔托的一辆警车来接这些囚犯，"指控"他们犯有持械抢劫和入室盗窃罪。这些狱警要做的是 3 班倒、每班 8 小时的工作。

在监狱顾问的帮助下，津巴多在斯坦福大学心理学系所在大楼的地下室建造了一座监狱。到达监狱后，狱警和典狱长采取各种手段羞辱、折磨和压迫囚犯。

虽然津巴多随机指定了角色，但环境显然塑造了受试者的行为。他注意到志愿者开始扮演分配给他们的角色。囚犯们尝试了各种策略来占狱警的便宜并试图逃跑，而狱警们则密谋如何控制囚犯。由于担心狱警对囚犯施行过多的虐待，津巴多对这种情况的道德性提出了质疑，并在 5 天之后结束了研究。[24]

津巴多解释了导致这种情境发挥如此强大作用的因素。首先，情境力量最有可能出现在此前没有行为准则的新环境中。其次，规则可能是通过相互影响而产生或是预先确定好的，它可以创造一种控制和压制他人的手段，因为人们认为他们的行为只要符合规则，就是合理的。最后，当人们被要求长时间扮演某个角色时，他们承受的风险就是，可能无法抽离他们所扮

演的角色。角色将人们与他们的正常生活隔绝开来,并适应他们通常会避免的行为。最后,在导致消极行为的情境下,通常会出现一个敌人,也就是外部群体。当内部群体和外部群体都不再关注个体时,这一点尤为明显。[25]

津巴多在他介绍情境力量的作品《路西法效应》(*The Lucifer Effect*)的结尾,以一种鼓舞人心的方式,提出了抵制不受欢迎的社会影响的建议。大多数建议的核心都传达出相同的信息:留心你周围发生的事情。

拒绝改变是由于惯性的力量

惯性,或者是对改变的抗拒,也显示了情境是如何影响现实世界的决策的。对"我们为什么要这样做"这一问题的常见回答就是"我们一直都是这么做的"。个人和组织使不良做法长期存在,即使这种做法原来的用处已经消失或出现了更好的方法。情境使人们无法用新眼光来看待老问题。

1990年,戴维·约翰逊(David Johnson)接任金宝汤(Campbell Soup Company)首席执行官时,该公司的股本回报率和收益增长等财务指标远远落后于同行。约翰逊不停地考虑任何能带来更高回报和增长的业务变革。在回顾公司的经营情况时,他注意到该公司每年秋季的番茄汤促销活动,番茄汤是该公司利润丰厚的旗舰产品。约翰逊怀疑这个活动是在浪费钱,他问为什么会有这个项目。主管回答说:"我不知道。据

第 4 章 摆脱情境的控制，我们并没有自己想象中那么乐观

我所知，我们总是会在秋季进行促销活动。"

约翰逊做了更多的调查。大约在第一次世界大战期间，金宝（Campbell）决定种植自己的农产品以确保其品质。在番茄收获的 8 周时间里，该公司投入全部产能生产番茄汤和番茄汁。在收获季结束的时候，金宝汤的库存已经达到了顶峰，而此时距离番茄汤需求旺季还有几个月的时间。所以公司开始进行促销活动来减少库存。

自然，从最初做出决定到约翰逊完成调查之间的近 80 年里，金宝汤公司已经提前寻找足够一整年使用的番茄货源，从而避免了季节性库存的激增，也就消除了促销的需要。但秋季的促销活动却被保留了下来，这是先前时代留下的一种不经济的痕迹。为了克服惯性，具有传奇色彩的现代管理学之父彼得·德鲁克建议问一个看似天真的问题："如果我们现在还没有这样做，在现在已经知道的情况下，还会去做吗？"[26]

规定会导致另一种形式的惯性。包括医生在内的大多数人认为医学是一门手艺，医生根据患者的需要诊断和治疗他们。创建严格的程序，比如飞行员的检查清单，会令人感觉过于严格了。然而，使用检查清单可以帮助医生挽救生命。这并不是说，在大多数情况下医生不知道该做什么，他们知道应该做什么，只是他们并非总是遵循应该遵循的所有步骤。当被问及为什么医生一般都不使用检查清单时，曾经当过医生的约瑟夫·布里托（Joseph Britto）打趣道："医生不像飞行员，他们

不会和飞机一起坠毁。"[27]

外科医生兼作家阿图·葛文德（Atul Gawande）[①]博士解释了规则惯性如何抑制了良好的决策，即使其结果事关生死。[28] 葛文德在其著作《清单革命》中谈到了彼得·普罗诺弗斯特（Peter Pronovost）博士。普罗诺弗斯特是约翰斯·霍普金斯医院的麻醉师和危重病护理专家。普罗诺弗斯特的父亲死于一场医疗事故，这促使他毕生致力于确保患者的安全。他谨慎地开始进行五步检查清单中的每一项，以帮助预防因给患者使用型号较大的留置针而导致的感染。在美国，医疗专业人员每年为大约 500 万患者使用留置针，其中大约 4% 的患者在一周半内感染。治疗这些患者的额外费用大约是 30 亿美元，这些并发症造成了 2 万至 3 万例可预防的死亡。

普罗诺弗斯特的清单并没有什么创新之处，它只是医生们多年来被要求遵循的标准步骤的一种体现。尽管如此，普罗诺弗斯特发现，医生们对大约 1/3 的患者至少跳过了一个步骤，通常是因为医生们忙于处理更紧迫的问题。所以，他说服医院管理者让护士们确保医生们遵守所有的步骤。当医生们偏离轨道时，会有护士把他们拉回正轨。

普罗诺弗斯特在约翰斯·霍普金斯医院开始了这个项目，

[①] 阿图·葛文德是美国著名的外科医生，哈佛医学院教授。他是美国麦克阿瑟天才奖获得者，被誉为医生中最好的作家。他的作品《清单革命》中文简体字版已由湛庐策划、北京联合出版公司出版。——编者注

第 4 章　摆脱情境的控制，我们并没有自己想象中那么乐观

那里的感染率直线下降。医院管理人员估计，在最初的几年里，使用检查清单这一个程序就挽救了许多人的生命，并节省了数百万美元。

受这些结果的鼓舞，普罗诺弗斯特说服了密歇根州医疗与医院协会（Michigan Health & Hospital Association）采用他的检查清单。此前，该州的感染率高于全美平均水平。但在使用检查清单仅仅 3 个月后，该州的感染率下降了 2/3。该项目在最初的 18 个月里拯救了大约 1 500 个生命，节省了近 2 亿美元。

普罗诺弗斯特的工作没有被忽视，其他州也开始考虑使用这个项目。他入选了《时代周刊》"全球 100 位最具影响力人物"榜单，他还获得了享有盛誉的美国麦克阿瑟天才奖。

但后来惯性阻碍了这一切。

2007 年年底，美国一个名为"人类研究保护办公室"的联邦机构指控密歇根的项目违反了联邦法规。该机构给出的理由令人费解：检查清单是对医疗保健的一种修改，类似于一种实验性药物，只有在联邦监督和获得患者书面同意的情况下才能继续。尽管该机构最终允许这项工作继续进行，但对联邦法规的担忧毫无必要地拖延了该项目在美国其他地方的推进。官僚主义的惯性战胜了更好的方法。

如何摆脱情境控制，做出正确的决策

THINK TWICE
Harnessing the Power of Counterintuition

1. 意识到你所处的情境。 你可以从两方面考虑这个问题。一个是意识的元素，你可以通过关注过程，将压力保持在可接受的水平，成为一个深思熟虑的选择架构师，并确保分散鼓励消极行为的力量，在你自己的环境中为做决策创造一个积极的环境。

然后是应对潜意识的影响。要想控制这些影响，需要意识到这些影响，并且要有解决它的动机，以及致力于解决可能的错误决策的意愿。在现实世界中，满足这3个控制条件是极其困难的，但是可以从意识开始。[29]

2. 先考虑情境，再考虑个人。 这个概念被称为归因的慈悲（attributional charity），它坚持认为，你评估他人的决策时，首先从情境出发，然后再转向个人，而不是反过来。虽然东方人比西方人更容易根据情境做出决策，但大多数人始终低估了情境在评估我们看到别人做出的决策中所起的作用。尽量不要犯基本归因错误。[30]

3. 注意制度性强制力。 著名投资者、伯克希尔－哈撒韦公司董事长沃伦·巴菲特[①]创造了"制度性强制力"（institutional imperative）一词，用来解释企业"无意识"

[①] 沃伦·巴菲特的箴言录《跳着踢踏舞去上班》是全球投资界公认的解读巴菲特的必读之书。该书中文简体字版已由湛庐策划、北京联合出版公司出版。——编者注

> 模仿同行行为的倾向。这种强制力通常有两个潜在的驱动因素。第一个因素是,公司想成为内部群体的一部分,就像个人一样。因此,如果某一行业的一些公司正在进行合并、追求增长或进行地域扩张,其他公司就会忍不住效仿。第二个因素是激励。高管们通常会与团队步调一致,因为这样做能获得金钱方面的好处。当决策者通过成为群体中的一员而赚钱时,这种吸引力几乎是不可避免的。[31]
>
> 举一个《金融时报》2007年采访花旗集团前首席执行官查克·普林斯(Chuck Prince)时提到的例子,当时金融危机尚未爆发。"音乐一停,事情就复杂了,"普林斯说,这表明他对即将发生的事情有一定的预感,"但只要音乐还在演奏,你就得站起来跳舞。"[32] 制度性强制力大多数时候都不是一个好的舞伴。
>
> **4. 避免惯性**。定期回顾你的流程,并询问它们是否正在为目标服务。组织有时会采用固定的惯例和结构,阻碍了积极的改变。例如,在美国,教育改革的努力遇到了来自教师和管理人员的阻力,他们更喜欢维持现状。

我们往往会认为自己是优秀的决策者。我们权衡事实,考虑各种选项,并选择最佳的行动方案。当我们在做决策和采取行动时,认为自己在很大程度上不会受他人的影响。我们说服自己,认为自己凭借的是事实和经验,而不是周围那些人的行为。

很遗憾，现实与我们的认知完全相悖。无论在医务办公室、会议室还是法庭上，决策都是一种固有的社会活动。周围人的启动效应、默认选择、情感和行为影响着我们如何做决策，而且我们往往意识不到这些。一个深思熟虑的决策者知道有这些各式各样的影响存在，并努力成功地管理它们。

THINK TWICE

HARNESSING THE POWER OF COUNTERINTUITION

第 5 章

正确理解复杂系统，部分之和并不能代表整体尽管现在我们周围围绕着更多的复杂适应系统，但我们的大脑并没有变得更善于理解它们。想弄清楚因果关系的愿望促使我们在错误的层面上理解系统，从而导致可预见的错误。尽管部分级别的表现笨拙，但复杂适应系统通常在系统级别上表现得很好，这是科学家和非科学家经常不能理解的一点。相反，当善意的个人试图管理系统以实现特定目标时，意想不到的后果可能导致失败。所以，如果你处理的是一个复杂适应系统，请确保你仔细设定了系统级的目标。为了实现目标，在推进部分级的改变时应谨慎进行。

第 5 章　正确理解复杂系统，部分之和并不能代表整体

斯坦福大学研究蚂蚁行为的生物学家德博拉·戈登（Deborah Gordon）说："如果你观察一只蚂蚁试图完成某件事，你会发现它多么无能。"但她很快又补充道，"蚂蚁并不聪明，但蚁群聪明。"[1] 蚂蚁、蜜蜂和白蚁等群居性昆虫是自然界最神奇的生物之一。这些看似简单的物种在无人管理的情况下繁盛了数千万年。种群成功地进食、战斗和繁殖，每只昆虫都遵循简单的规则，根据局部信息行事，而对整个种群的情况一无所知。

人类更加等级分明，习惯依赖专家。比如，你是怎么发现你现在的家的？你可能会找到一个房产经纪人，他会向你展示一个又一个地点，直到你找到一个位置合适、大小合适、价格在你预期范围内的房子。利用对市场的概要知识和你的需求，房产经纪人为你找到一个合适的卖家。

反直觉　Think Twice

那么，你如何为成千上万个人找到一个合适的家呢？

蜜蜂解决了这个问题。随着暮春的临近，蜂后和大约一半的繁殖力旺盛的蜂群离开去建立一个新的蜂群。蜂群有一万多只蜜蜂，它们首先停在附近的一根树枝上，在那里蜜蜂形成胡须状的蜂群。最后，它们一起飞往新家，通常是远处一棵梦寐以求的空心树。

养蜂人观察蜂群的这种聚集过程已经有几个世纪了，却仍不知道蜜蜂是如何做到的。为了回答这个问题，专门研究蜜蜂行为的生物学家托马斯·西利（Thomas Seeley）和柯克·维斯谢尔（Kirk Visscher）设置了控制条件并仔细研究了蜂群是如何找到新家的。科学家们带着成群的蜜蜂来到了缅因州海岸的一座孤岛上，每只蜜蜂都被做了标记以便识别。然后，科学家们设置了5个箱子供蜜蜂选择，其中包括一个具有理想大小、高度和朝向的蜜蜂住所。岛上几乎没有树木，这就限制了蜂巢的选址，也保证了蜜蜂会在这几个具有不同吸引力的箱子中进行选择。

西利和维斯谢尔发现只有几百只蜜蜂去侦察和评估它们的选择。当去侦察的蜜蜂返回蜂群时，每只找到了一个有吸引力的、可能的家的蜜蜂都会跳一段8字形的摇摆舞。舞蹈时它们的头与太阳之间的角度指示地点，持续时间反映地点的品质。地点越好，舞蹈的时间越长。

到目前为止，一切都很好。但是，让科学家们感到惊讶的

第 5 章　正确理解复杂系统，部分之和并不能代表整体

是：飞往新家的决策并不是在蜜蜂的露营地产生的。如果你有一种关于群体智慧的思维定式，你可能会这样想。相反，蜜蜂在未来的筑巢地点做出选择。一旦侦察蜂在可能的家附近看到大约 15 只侦察蜂同伴，它们就会感觉达到了足够的数量。然后它们飞回蜂群，刺激蜂群飞行，并将蜂群引导到新的住所。正如西利总结的那样："这是一场在可能的地点之间争夺支持的竞赛。哪个地点首先聚集 15 只蜜蜂，哪个地点就获胜。"惊奇的是，蜜蜂几乎总是能选出最佳的地点。[2]

从主持委员会会议到解决复杂的组合问题，蜂群可以教我们很多东西。[3]但为了介绍这一章的决策错误，我想重点谈谈为什么蜂群智慧如此违反直觉：你不能通过分析几个关键个体的决策来理解蜂群的复杂行为。与大多数人类制度不同，这里没有领导者。这是一个没有预算、战略计划和截止日期的世界，所以你无法揣测为什么通过与单个成员交流，团队能如此高效。

事实上，西利和维斯谢尔发现单个侦察蜂的信号都是"极其嘈杂的"，只有当个体聚集在一起时，整个群体才知道该怎么做。[4]我们不能理解，更不用说在错误的层次上管理一个复杂适应系统。然而，从一个复杂系统的组成部分来解释其行为的倾向是一个很常见的错误。

市场观点比个人言论更有意义

让我们定义一个复杂适应系统（complex adaptive system），

并解释为什么它让观察者感到困惑。你可以将复杂适应系统分为3个部分,见图5-1。[5]首先,有一组异质的主体。这些主体可以是你大脑中的神经元、蜂巢中的蜜蜂、市场中的投资者,或者城市中的人。异质性意味着每个主体都有不同的、不断发展的决策规则,这些规则既反映了环境,又试图预测环境的变化。其次,这些主体相互作用,并且它们的相互作用创造了结构,科学家通常称这种现象为涌现(emergence)[①]。最后,涌现的结构表现得像一个更高级别的系统,并且具有与底层主体本身不同的属性和特征。

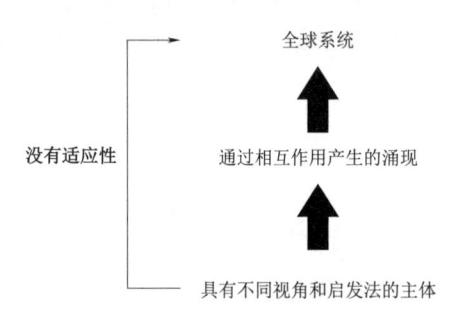

图 5-1 复杂适应系统的简单描述

想想德博拉·戈登的评论吧。尽管单个蚂蚁是笨拙的,但整个蚁群是聪明的。整体大于部分之和。无法根据组成部分去理解系统,促使物理学家、诺贝尔奖获得者菲利普·安德森(Philip Anderson)写了一篇题为"多带来不同"(More Is

---

① 涌现是生物界最重要和最广泛的现象之一,它是群体中的个体通过动态交互作用而产生的群体行为。——译者注

第 5 章　正确理解复杂系统，部分之和并不能代表整体

Different）的文章。安德森写道："事实证明，基本粒子的大型复杂聚合物的行为，不能通过简单地外推几个粒子的属性来理解。相反，在复杂性的每一个层次上，都会出现全新的属性。"[6] 如果你想了解一个蚁群，不要问一只蚂蚁，它不知道发生了什么。你需要研究整个蚁群。

这个问题超越了复杂适应系统神秘的本质。人类有一个理解因果关系的深切渴望，因为这样的联系可能赋予了人类进化的优势。[7] 在复杂适应系统中，没有通过研究部分来理解整体的简单方法。因此，通过分析系统级别的"果"来找出简单部分级别的"因"，是没有用的。然而，我们的大脑无法做到不去找出一个原因，以减轻一种无法解释的结果的痛苦。[8] 当一个寻求因果联系的大脑遇到一个隐藏因果联系的系统时，意外就会发生。

围绕复杂系统的第一个错误是，不恰当地用个体行为来解释群体行为。这是我在职业生涯早期遇到的。从我开始在华尔街工作的那一刻起，我就听说一家公司的每股收益是其股价的关键。投资者、高管和媒体仍在鼓吹这一点。但后来，我看到金融经济学家的研究，他们得出的结论是，推动股价的是现金流，而不是收益。[9] 那么，推动股价的到底是哪一个呢？

事实证明，收益和现金流阵营用两种截然不同的方法解决了这个问题。收益阵营每天都在听人们的谈话，包括投资界的闲聊、CNBC 的电视节目以及《华尔街日报》的报道。相比之下，经济学家关注的是市场的行为。前者关注组成部分，后

119

者关注群体。例如，实验经济学的研究表明，即使个体参与者掌握的信息有限，市场也能产生非常有效的价格。就像观察一只蜜蜂不能帮助你理解蜂群的行为一样，倾听个体投资者的声音也不能让你对市场有深刻的了解。[10]

我曾无数次地向高管们解释，市场的观点远比个人的言论更有意义。相比于听取得到部分信息的个人的意见，通过研究市场，我们可以更好地了解各种决策是如何影响经济价值的。这不单纯是一个学术问题：曾有一项对高管的调查显示，80%的高管会为了达到盈利目标而放弃创造价值的投资。[11]

这种错误的强调对高管们来说至关重要，他们更多是依赖那些拿着钱办事的高薪顾问的可疑指导，而不是市场的群体智慧。从个人到群体的思维转变是困难的，特别是因为个人的观点更容易被接受，更有说服力。[12]

遗憾的是，这个错误也出现在行为金融学中。行为金融学是研究心理学在经济决策中起到什么作用的领域。与古典经济学理论相反，行为金融学的狂热者认为，既然个人是非理性的，而市场是由个人组成的，那么市场一定也是非理性的。这就好比说，"我们研究了蚂蚁，可以证明它们是笨手笨脚、不聪明的。因此，我们可以推断出整个蚁群是笨手笨脚、不聪明的"。但如果"多带来不同"，也确实如此，那么这个结论就站不住脚了。市场非理性并非源于个人非理性。例如，你和我都可能会过度自信，但如果你是一个过度自信的买家，而我是一个过度自信的卖家，我们的偏差可能会抵消掉。在与系统打交道时，群体行为更重要。你必须仔细考虑分析的单位，以做出正确的决策。

部分的变动会给整体带来意想不到的后果

当你在处理一个由许多相互连接的部分组成的系统时，调整其中一个部分可能会对整个系统造成不可预见的影响。以美国黄石国家公园为例。回想起来，这个公园的困境似乎始于19世纪中期，当探险者在这片约8 900平方千米的大片土地上找不到足够的食物的时候。1872年，黄石公园被正式认定为国家公园，但公园内的许多野生动物，如麋鹿、野牛、羚羊和鹿，曾一度消失在猎人和偷猎者的手中。所以在1886年，美国骑兵被召集来管理黄石国家公园。他们的首要任务之一就是恢复公园的野生动物数量。

经过几年的特殊喂养和良好的对待，麋鹿的数量迅速增加。事实上，由于动物数量过多，出现了过度放牧，消耗了必不可少的植物群，造成了土壤侵蚀。从那时起，一连串事件发生了：饥饿的麋鹿啃食白杨，导致白杨树数量减少，使得海狸的数量减少。海狸建造的水坝对生态系统很重要，因为水坝减缓了溪水的水流速度，防止侵蚀河岸，并且能保持水的清洁以便鳟鱼产卵。没有了海狸，生态系统迅速恶化。

然而，公园的管理者却没有意识到麋鹿数量的激增是造成这一问题的原因。事实上，1919年至1920年冬天，在大约

60%的麋鹿死于饥饿或疾病之后，美国国家公园管理局忽视了食物的匮乏这个原因，错误地将麋鹿的死亡归咎于黄石公园的另一群居住者：食肉动物。

管理者为了控制局势，开始捕杀狼、美洲狮和郊狼（通常是非法和禁止的）。然而，他们杀害的动物越多，情况就越糟糕。食肉动物的数量开始出现不稳定的繁荣和萧条。这只是令管理者们加倍努力，引发了一个病态的反馈回路。到20世纪中期，他们几乎消灭了所有的食肉动物。例如，美国国家公园管理局在1926年射杀了最后一匹狼，但大约70年后又重新引进了它们。[13]

就这样，美国黄石国家公园糟糕的监管阐明了围绕复杂系统的第二个错误：处理系统的一个组成部分为何会对整个系统造成意想不到的后果。奥尔斯顿·蔡斯（Alston Chase）这样评价美国国家公园管理局："他们扮演上帝的角色已经95年了，他们所做的一切似乎都在让公园变得更糟。在试图管理这片美丽的野生区域的过程中，他们似乎被一只可怕的棘轮缠住了，每犯一个错误都会使公园变得更加糟糕，而任何错误都无法纠正。"[14]

人们早就认识到，即使是出于好意的个体层面的行为也会产生意想不到的系统层面的后果。[15]但决策的挑战仍然存在，原因有几个。首先，现代世界的互联系统比以往更多。因此，我们遇到这些系统的频率更高，而且很可能导致更重大的后

第 5 章 正确理解复杂系统，部分之和并不能代表整体

果。其次，我们仍然试图用对因果关系的幼稚理解来解决复杂系统中的问题。

2008 年 9 月，美国政府允许投资银行雷曼兄弟破产的决策就是一个很好的例子。政府的立场是，由于市场基本上理解了雷曼兄弟糟糕的财务状况，它可以消化其后果。但雷曼兄弟的破产声明搅乱了全球金融市场，因为雷曼兄弟的损失比人们最初想象的要大，因此加剧了全球范围的风险规避。即使被认为是安全的那部分市场，如货币市场基金，也受到了冲击。例如，美国历史最悠久、规模最大的一家货币市场互助基金"主要储备基金"（Reserve Primary Fund）宣布，由于持有的雷曼兄弟的债务已被抹去，该基金损失了基金持有人的钱。这一消息震惊了投资者，并削弱了人们对整个金融系统的信心。[16]

这一挑战也波及了其他领域。例如，美国乔治城大学精神病学家默里·鲍恩（Murray Bowen）在对精神分裂症患者的研究和治疗中发现了这个问题。[17] 在医生职业生涯的早期，鲍恩对多个学科的广泛研究使他在看待精神健康问题时比当时的主流观点拥有更开阔的视角。虽然标准的治疗只针对个体，但是鲍恩把患者放在家庭系统的背景下去观察。"鲍恩理论"中提出的理解和治疗个体行为的方法，也相应地将个体行为作为相互作用的家庭和社会系统的一部分。我们可以很容易地看到类似的问题在西方医学中也出现了，激励措施以牺牲初级保健医生的利益为代价（整体），催生了更多的专家（部分）。[18]

123

反直觉　Think Twice

明星代言并不一定会带来预期的效果

改善组织结果的最快方法是什么？许多公司、运动队和娱乐企业都选择了同样的解决方案：雇用明星。乍一看，签下明星似乎是个不错的主意，因为这样可以快速提高业绩。然而，明星们在新角色中的表现往往达不到人们的期望。[19]我们将要介绍的与系统相关的第三个错误给出了一种解释：没有适当考虑个体周围的系统而孤立地看待个体的表现。

需要澄清的是，均值回归可能是明星表现下降的部分原因，但并不是全部原因。一个明星的表现在某种程度上依赖于他周围的人、结构和规范，也就是系统。分析结果需要对个体和系统的相对贡献进行分类，这是我们并不特别擅长的。当犯错时，我们倾向于夸大个体的作用。

这个错误非常严重，因为组织通常会花费大量的金钱来吸引高绩效的员工，结果却大失所望。在一项研究中，哈佛商学院的3位教授跟踪了1 000多名广受好评的股票分析师长达十余年，并观察了他们在换工作时的业绩变化。他们得出的悲观结论是："当一家公司聘用明星员工时，明星的业绩会大幅下滑，与之共事的团队的运作效率也会大幅下滑，公司的市值也会下跌。"[20]招聘组织很失望，因为它没有考虑到前雇主提供的包括公司声誉和资源在内的基于系统的优势。雇主们还低估了明星员工以前的成功所仰赖的人际关系、其他员工的素质以及对过去流程的熟悉程度。

第 5 章　正确理解复杂系统，部分之和并不能代表整体

这 3 个错误都有一个根源：只关注复杂适应系统的孤立部分，而不重视系统动力学。鉴于技术、社会和环境变化正在加速这一事实，可以肯定的是，你将会越来越频繁地遇到复杂系统。

如何应对复杂系统，做出正确的决策

THINK TWICE
Harnessing the Power of Counterintuition

1. 在正确的级别考虑系统。 记住"多带来不同"这句话。最常见的陷阱是通过外推个体施动者的行为来理解系统行为。如果你想了解股票市场，就从市场的级别来研究它。把你从个人身上看到和听到的东西看作趣闻，而不是有教育意义的信息。同样，请注意，系统外部个体的功能可能与系统内部个体的功能非常不同。例如，无论是来自鼩鼱还是大象，哺乳动物的细胞在体外具有相同的代谢率。但是小型哺乳动物的细胞代谢率比大型哺乳动物的细胞代谢率要高得多。相同的结构细胞以不同的速度工作，这取决于它们属于哪种动物。[21]

2. 注意紧密耦合的系统。 当各组成部分之间没有闲置部分时，系统是紧密耦合的，允许流程从一个阶段过渡到下一个阶段，而不预留任何干预的机会。飞机、太空任务和核电站都是复杂、紧密耦合系统的经典代表。工程师试图建立缓冲区或冗余以避免故障，但往往无法预测所有可能的意外事件。[22] 大多数复杂适应系统是松散耦合的，移

除或使一个或几个部分丧失能力对系统的性能影响很小。例如，如果你随机撤出一些投资者，股票市场将继续正常运转。但是，当个体失去多样性并以一种协调一致的方式行动时，一个复杂适应系统可以以一种紧密耦合的方式运转。金融市场的繁荣和崩溃就是一个很好的例子。

3. 使用模拟创建虚拟世界。 处理复杂系统从本质上来说是棘手的，因为反馈是模棱两可的，信息是有限的，而且因果之间没有明确的联系。模拟是一个工具，对我们的学习过程有帮助。模拟成本低，能提供反馈，已经在军事规划和飞行员训练等其他领域证明了它们的价值。[23]

也许商界最著名的例子是"啤酒游戏"（The Beer Game），该游戏由麻省理工学院斯隆管理学院管理学教授兼麻省理工学院系统动力学小组负责人约翰·斯特曼（John Sterman）推广。游戏盘上描绘了啤酒价值链，教师让参与者扮演零售商、批发商、分销商或生产商的角色。在每个模拟周，客户购买啤酒，价值链中的 4 个团队试图将他们的库存和积压成本降到最低，同时试图确保他们有足够的现货满足客户的需求。36 周后，成本最低的团队获胜。

每个团队都了解库存、积压、未交付的订单等重要信息，但是对游戏整体进展情况的了解非常有限。就像西利等人研究的蜜蜂一样，每个团队都有局部信息，但是缺乏全局信息。

第5章 正确理解复杂系统，部分之和并不能代表整体

> 虽然游戏有一个相对简单的设置，但斯特曼说，玩家很难理解系统，并倾向于犯一些常见的错误。订单和库存波动很大，玩家经常感到沮丧和无助。大多数玩家无法理解他们的个人决策是如何影响整个系统的。
>
> 观察了一段时间游戏的结果后，斯特曼写道："了解聪明的人为何会出于善意创造出没人期望也没人想要的结果，是游戏的深刻教训之一。"[24] 尽管模拟为他们提供了经验教训，可惜很少有个人、组织或企业使用模拟的方法。

"在面对复杂和高度交互的系统时，创造人类判断和直觉的有序过程会导致人们做出错误的决策。"系统动力学之父杰伊·福里斯特（Jay Forrester）曾这样写道。[25] 尽管现在我们周围围绕着更多的复杂适应系统，但我们的大脑并没有变得更善于理解它们。想弄清楚因果关系的愿望促使我们在错误的层面上理解系统，从而导致可预见的错误。尽管部分级别的表现笨拙，但复杂适应系统通常在系统级别上表现得很好，这是科学家和非科学家经常不能理解的一点。[26] 相反，当善意的个人试图管理系统以实现特定目标时，意想不到的后果可能导致失败。所以，如果你处理的是一个复杂适应系统，请确保你仔细设定了系统级的目标。为了实现目标，在推进部分级的改变时应谨慎。

THINK TWICE

HARNESSING THE POWER OF COUNTERINTUITION

第6章
视情况而定,正确应对环境

大多数人都期待将同样的方法应用到下一种情况中，从而利用我们的有利经验。我们也渴望成功的公式，这是让自己安心的关键步骤。有时我们的经验和秘方会奏效，但更多时候它们会让我们失望。原因通常可归结为一个简单的现实，即指导我们决策的理论基于属性，而不是环境。基于属性的理论是我们自然而然就会使用的，而且经常是不可抗拒的，就像我们在出生顺序的讨论中看到的那样。然而，一旦你意识到大多数问题的答案是"视情况而定"，你就已经准备着手寻找它所视的情况了。

第 6 章 视情况而定,正确应对环境

如果你是一个出生在北美的成年人,那么你有 80% 的概率有一个或多个兄弟姐妹。在考虑家庭动力问题时,很少有哪个因素像出生顺序那样得到如此多的关注。长子或长女被认为是严肃认真的传统守护者,而后面出生的孩子则有一种随波逐流、爱冒险的做派。每个人都知道最小的孩子做错什么都不会受到惩罚。出生顺序在家庭中显然很重要。

弗兰克·萨洛韦(Frank Sulloway)在其 1996 年出版的《天生反叛》(*Born to Rebel*)一书中,将出生顺序动力学扩展为一种全新的理论,认为出生顺序在人格塑造中起着重要的作用。他假定,一个家庭中的孩子会根据他们出生的顺序,寻找不同的策略来区分自己。长子、长女通常雄心勃勃、思想封闭、传统,而后面出生的孩子则比较爱冒险、随和、思想开放,也就是说,

天生反叛。[1]他的研究表明，后面出生的人往往会提出和接受新观念，而长子、长女则坚持提倡和维护现状。他声称，政治和科学革命最有可能是由出生顺序比较靠后的人领导的，而长子、长女往往设法压制新思想。坦白说，我是出生顺序靠后的。

杰出的科学家和评论家最初都对萨洛韦的作品表示赞许，这本书也卖得很好。但随后爆发了一场风暴。在审视了萨洛韦的方法和结论后，一些人质疑他的这项工作经不起科学的审查。[2]事实上，一位知情人士称，他"既不能重建也不能理解"萨洛韦的分析。[3]纽约大学社会学家、家庭动力学专家道尔顿·康利（Dalton Conley）对此嗤之以鼻："我认为萨洛韦的方法根本站不住。他做了一些社会科学领域不允许做的事，也就是有意选择了支持其论点的证据。"[4]萨洛韦仍然没有屈服，声称他的批评者不理解他的理论。审视了这场辩论的双方阵营后，我坚定地认为萨洛韦的分析和结论是不够的。

"等等，"你可能在想，"根据个人经验，我可以证明出生顺序确实很重要。我那专横的哥哥／姐姐，令人恼火的弟弟／妹妹可不是我凭空想象出来的！"你是对的。出生顺序效应在家庭中确实存在，也确实会影响人们的行为。大一点的孩子要么领导弟弟妹妹，要么照顾弟弟妹妹，充当父母的代理人。年幼的孩子会得到父母更多的关注和爱。

第6章 视情况而定,正确应对环境

那么,我们怎么能在怀疑萨洛韦的主张的同时,立即接受出生顺序效应是真实的呢?答案是,这取决于环境。

虽然孩子在家庭内部承担出生顺序赋予他们的角色,但他们没有将这个角色扩展到家庭之外。例如,一个在家里很霸道的老大,可能在学校操场上就不会有这样的行为。当父母或兄弟姐妹完成自我报告测试或评估家庭成员时,出生顺序效应就会清晰地显现出来。但当像教师或研究人员这样的局外人观察他们的行为时,出生顺序效应就消失了。儿童,实际上是所有年龄段的人,在所有情况下的行为都不一样。他们调整自己的行为,而这种做法反映的是他们所处的社会环境的变化。

在我们最小的孩子上学前班几个月后,我和妻子接到了老师打来的一通电话,这通电话可能让人不安。他们担心我儿子的语言能力发展,因为他在学校几乎不说一个字。好消息是,他很好地接受了他的课程和活动;坏消息是他没有吭声。

我和妻子与其说是担心,不如说是困惑。他是我们的第5个孩子,从很小的时候起,他就是这群孩子中最善于表达的——毫无疑问,一部分反映了他的个性,一部分是由于他要和4个哥哥姐姐相处。在家里,他一点儿也不安静,但一走进教室,他就不说话了。幸好,一位在家里见过他的老师向其他人保证说:"放心吧,这孩子会说话,而且话很多。"

萨洛韦的失败之处在于，他过分强调一个人在家庭中的行为会影响所有环境下的行为。但实际情况根本不能支持这种说法。具体来说，研究一致表明，出生顺序对性格影响很小或没有影响。瑞士心理学家塞西尔·厄恩斯特（Cécile Ernst）和朱尔斯·昂斯特（Jules Angst）对出生顺序和性格进行了综合性研究，得出的结论是出生顺序和家庭规模对性格没有太大影响。在《没有因果关系的反叛：出生顺序和社会态度》（*Rebel Without a Cause or Effect：Birth Order and Social Attitudes*）这篇论文中，文章的作者、3位社会学家发现，萨洛韦的观点根本站不住脚。[5]

从这场辩论中得到的教训恰好表达了本章的主题：**理解环境的重要性**。人们常常试图把一种环境下得到的教训或经验塞到另一种不同的环境下。但这种策略往往会失败，因为在一种环境下有效的决策在另一种环境下往往会惨败。对于专业人士面临的大多数问题，正确答案是"视情况而定"。

理论构建的3个阶段

不管人们是否意识到这一点，他们的选择都是建立在理论基础上的，即相信某种行为会带来令人满意的结果。大多数专业人士对"理论"这个词很敏感，因为他们把它和一些不切实际的东西联系在一起。但如果你把理论定义为对因果的解释，那么它就非常实用。合理的理论有助于预测某些决策是如何在一系列环境下产生结果的。

第 6 章 视情况而定，正确应对环境

管理学教授保罗·卡莱尔（Paul Carlile）和克莱顿·克里斯坦森（Clayton Christensen）[①]将理论构建过程分为 3 个阶段。[6]

- 第一个阶段是观察，包括仔细衡量一种现象并记录其结果。其目标是建立共同的标准，以便后续研究人员能够就该主题和描述该主题的术语达成一致。
- 第二个阶段是分类，研究人员将世界简化并组织成类别，以澄清现象之间的差异。在理论发展的早期，这些分类主要基于属性。
- 第三个阶段是定义，或者说是描述类别与结果之间的关系。通常情况下，这些关系从简单的相关性开始。

当研究人员用真实世界的数据来检验预测，发现异常，然后重新塑造理论时，理论就得到了改进。在这个改良过程中发生了两个关键的改进。在分类阶段，研究人员发展分类来反映环境，而不仅仅是属性。换句话说，分类的目的不再只是什么有效，还包括何时有效。在定义阶段，理论超越了简单的相关性，进一步明确了原因，即为什么它会起作用。这两种改进使人们能够脱离粗糙的属性，根据面临的情况调整他们的选择。

卡莱尔和克里斯坦森以载人飞行的历史为例。早期，"飞

[①] 克莱顿·克里斯坦森的知名作品《创新者的处方》和《创新者的课堂》中文简体字版已由湛庐策划、中国人民大学出版社出版。——编者注

行爱好者"研究了会飞的动物，发现它们几乎都有翅膀和羽毛（观察和分类阶段）。也有一些例外情况，如鸵鸟和蝙蝠，但是有羽毛的翅膀和飞行之间的相关性是非常高的（下定义阶段）。所以早期的飞行员们制作了翅膀，插上羽毛，爬到很高的地方，然后往下跳，拍动翅膀，最后飞行器坠毁了。坠毁是一种反常现象，迫使理论建构者们不得不从头再来。

18世纪，丹尼尔·伯努利（Daniel Bernoulli）对流体动力学的研究促成了翼型的出现，这种形状通过使机翼顶部的空气压力小于机翼下方的空气压力而产生升力。伯努利定理表明了飞行产生的原因（改进分类和定义阶段），而不是什么与飞行相关。翼型带来了一种新的飞行方式。莱特兄弟将这一新理论与物理材料以及稳定性、转向和推动力结合起来以后，飞行时代就诞生了。

今天的许多管理理论看起来更像是粘在翅膀上的羽毛，而不是翼型。咨询师、研究人员和实践者经常观察一些成功现象，寻找其中的共同属性，并宣称这些属性可以引导其他人取得成功。这根本行不通。任何时候看到"成功的关键"或"成功的公式"，你都应该保持高度怀疑。

波音公司的噩梦

过去，许多商业顾问和公司都在宣扬外包的优点，即将之前的内部服务外包给外部公司。外包可能会降低成本和资本密

第 6 章 视情况而定，正确应对环境

集度，这是所有公司在一个竞争激烈的世界中的理想目标。许多组织，包括苹果公司和戴尔公司都有外包业务，它们在业务和财务上都取得了巨大的成功。外包和良好业绩之间的关联性似乎很明显。

世界上最大的飞机制造商波音公司长期使用外部供应商。波音公司的惯常做法是，工程师设计一架飞机，然后将详细的蓝图发送给供应商，他们称这个过程为"制造-打印"系统。这一过程使波音公司能够控制关键设计和工程功能，同时降低总体成本。但对于最新的787型梦幻客机，波音公司选择让供应商同时设计和制造飞机部件，只把最后的组装工作留给自己的机械师。该公司希望比其真正的上市时间提前两年上市，并计划在3天内组装一架787型客机，这是这种规模的飞机正常组装时间的1/10。

这个项目是一场灾难。尽管这架飞机非常畅销，有近900份订单，但由于这个项目比原计划推迟了一年多，这款飞机的上市日期一再推迟。问题在于，供应商无法提供飞机的全部功能部件，交给波音公司进行最终组装。虽然波音公司设计了集成1 200个部件的生产系统，但第一架飞机总共有3万个部件，因为不得不把设计重新交给内部员工，所以耗费了公司大量的时间和金钱。[7]

波音787型客机的问题是第一种决策错误的体现：在没有完全理解策略成功或失败的条件下接受了策略。业务外包并

137

不总是好的。例如，对于需要不同子组件的复杂集成的产品，外包是行不通的。其原因是协调成本很高，所以仅仅是让产品运作起来就是一个挑战。想想个人计算机行业早期的 IBM 吧。几乎所有的组件都是该公司自己制造的，以确保兼容性。在这个阶段，垂直整合的业务表现最好。

对于子组件是模块的行业来说，外包是可行的。在这些情况下，子组件的性能已经明确定义好了，最终的组装也很简单。如今，你可以用标准化模块自己建造一台个人计算机。一旦一个行业定义了模块，供应商专注一个组件比尝试制造所有组件更有意义。像戴尔这样的装配商就可以专门进行设计、营销和分销了。

在 787 型客机出现之前，波音公司一直控制着自己飞机的设计和工程流程，以确保部件的兼容性和最终装配的顺利进行。但波音 787 项目将设计和制作全部交给了供应商，这让它成了一个研究案例，用来说明在哪些情况下不应该使用外包业务。波音公司将外包作为一种属性，但并没有完全认识到业务外包能发挥作用的条件。[8]

最优秀的人不一定会赢

有时候，为了解决孩子们的争吵，我让他们玩"兵力分配博弈"（Colonel Blotto Game），来决定谁先行动，谁应该坐在哪个位置。我们使用了一个简单的游戏版本。每个玩家得到 100 名士兵（资源），并将其分配到 3 个战场（维度）。每名玩家偷偷写下战场兵力分配，然后我们比较结果。每个战场上拥有最多士兵的玩家将赢得这场战斗，而在整体上战斗获胜最多的玩家就是比赛的胜利者。表 6-1 是我家的真实游戏的一个例子。虽然在这个版本的游戏中有一些非常糟糕的策略，例如 100，0，0，但结果在很大程度上是随机的，很像石头剪刀布。[9] 兵力分配博弈适用于军事战略家、政治家、营销人员和运动队经理。[10]

表 6-1　兵力分配博弈

	战场 1	战场 2	战场 3
安德鲁	5	65	30
亚历克斯	48	2	50
获胜者	亚历克斯	安德鲁	亚历克斯

兵力分配博弈很有用，因为通过改变游戏的 2 个主要参数，即给一位玩家更多的资源或改变战场的数量，你可以了解能从竞争中胜出的赢家。它展示了处于劣势者什么时候最有可能获胜，为什么有时没有"最好"的团队，以及参数的变化如何影响这些结果。简单地说，这个游戏能让我们了解第二种决策错误，即未能正确地思考竞争环境。在兵力分配博弈中，你可以将资源视为属性，将维度视为环境。这个游戏提供了一个视角，用于评估不同属性和环境组合的结果。

我们认真看一看改变参数时会发生什么。首先，我们可以通过给其中一名玩家比另一名玩家更多的分数来增加资源的不对称，从而有效地使其中一方更有可能获胜。实力较强的选手获胜的次数更多，这应该不足为奇。额外的分数带来了多少优势，无法直观地感觉出来。如果游戏中包含 3 个战场，额外多拥有 25% 的资源的玩家拥有 60% 的期望收益（expected payoff）（即玩家获胜的战斗所占的比例），而拥有 2 倍资源的玩家拥有 78% 的期望收益。因此，即使在资源相当不对称的竞争中，也存在一定的随机性，但资源丰富的一方具有决定性的优势。此外，在低维度情况下，游戏在很大程度上是可传递的：如果 A 能打败 B，B 能打败 C，那么 A 就能打败 C。兵力分配博弈帮助我们理解具有较少维度的比赛，如网球。

但是，为了全面了解这些收益，我们必须引入第二个参数，即维度数量或战场数量。游戏的维度越多，结果就越不确定，除非玩家拥有相同的资源。例如，较弱玩家在 15 维游戏中的期望收益几乎是在 9 维游戏中的 4 倍。[11] 因此，高维游戏的结果比低维游戏更难预测，结果会有更多的不确定性。棒球是高维游戏的一个很好的例子。虽然较好的团队有优势，但结果包含了大量的随机性。年复一年，在本赛季的 162 场比赛中赢得 60% 的胜利，实际上就保证了球队进入季后赛的机会。[12] 高维度游戏与低维度游戏的决策和评价结果存在显著差异。

兵力分配博弈在除高度不对称、低维度的情况之外，都是高度不可传递的。[13] 因此，锦标赛往往不能说明谁是最好的球

第 6 章 视情况而定，正确应对环境

队。密歇根大学社会科学家斯科特·佩奇用一个简单的例子说明了这一点，见表6-2。在这种情况下，A打败B，B打败C，C打败A，三个人都打败D。因此，如果这些选手同时参加锦标赛，那么第一轮抽中D的人将赢得比赛。没有最好的选手存在。更准确的描述应该是这样的，冠军是"先上场打败D的"。虽然不太好记，但很准确。[14]

表 6-2 兵力分配博弈中的非传递性

	战场 1	战场 2	战场 3
玩家 A	40	20	40
玩家 B	35	40	25
玩家 C	20	35	45
玩家 D	33	33	34

资料来源：Scott E. Page, *The Difference* (Princeton, NJ: Princeton University Press, 2007).

图6-1总结了你可以通过学习兵力分配博弈获得的一些见解。如果维数较低，在与较弱玩家比赛时，较强的玩家会赢得大多数的战斗。对于实力相当的玩家，次优策略的数量会随着维度的增加而增加，因为玩家冒着将资源集中在少数战场的风险，从而导致大量战场失去资源。但是增加维度的数量会削弱高资源玩家的相对优势。军事战略家多年来一直知道，增加战场的数量往往有利于处于劣势的一方。因此，棒球比网球比赛有更多的不确定性。也许从兵力分配博弈中得到的最重要的教训是，你必须谨慎地评估决策和结果。**由于资源的非传递性和**

随机性，资源属性并不总是比维度环境更能决定成败。在复杂的游戏中，最优秀的人不一定会赢。

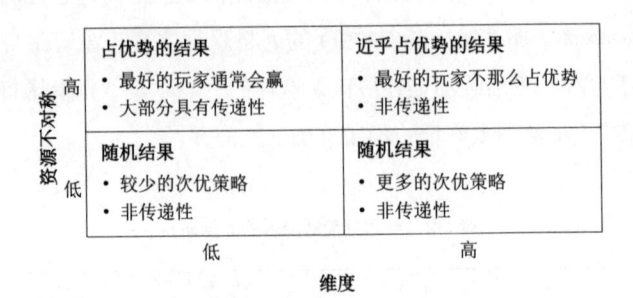

	占优势的结果	近乎占优势的结果
高	· 最好的玩家通常会赢 · 大部分具有传递性	· 最好的玩家不那么占优势 · 非传递性
资源不对称		
低	随机结果 · 较少的次优策略 · 非传递性	随机结果 · 更多的次优策略 · 非传递性
	低　　　　　　　　　　　高	
	维度	

图 6-1　高维竞赛增加了结果的不确定性

对因果关系保持警惕

股市预言家总是在寻找预测市场走向的可靠方法。最受欢迎的是"超级碗指标"（Super Bowl Indicator），它总是在橄榄球赛季冠军赛结束后公布出来。这个指标很简单：当美国国家橄榄球联盟的球队赢了，股市就会上涨，反之，股市就会下跌。从 1967 年到 2008 年，超级碗冠军队伍在 80% 的时间里正确地预测了股票市场的走向。另一个方法是戴维·莱因韦伯（David Leinweber）的分析，该分析显示孟加拉国的黄油产量与标准普尔 500 指数的水平（1981—1993）之间有 75% 的相关性。莱因韦伯挖掘了大量的国际数据，并很高兴地发现"仅乳制品"就反映了这么多信息。[15]

莱因韦伯用一个荒唐的例子来说明一个严肃的观点：无法

第6章 视情况而定，正确应对环境

区分相关性和因果关系。当研究人员观察到两个变量之间的相关性，并假设其中一个变量导致了另一个变量时，这个问题就出现了。一旦你知道了这个错误，你就会发现它经常出现，尤其是在媒体上。如素食者智商更高，夜灯会导致近视，看电视太多的孩子容易肥胖。

许多不同学科的学者都对因果关系进行了研究，大多数学者都认为 X 引起 Y 必须具备3个条件。[16] 第一个条件是，X 必须在 Y 之前。第二个条件是 X 和 Y 之间的函数关系，包括因果必须是两个或多个值的要求。例如，"吸烟导致肺癌"的声明称，吸烟的人比不吸烟的人患肺癌的概率更高。所以科学家必须考虑所有变量之间的关系：这个人吸烟吗（是或否），这个人有癌症吗（是或否）。在这一点上，你也必须考虑这段关系是否只是偶然发生的。

最后一个条件是，要让 X 引起 Y，就不能存在一个因素 Z 同时引起 X 和 Y。例如，看太多电视可能与肥胖有关，但较低的社会经济地位可能同时解释了看电视和体重的问题。[17]

你必须对相关因果关系的错误非常警惕。我们喜欢建立明确的因果关系这一事实，这只会增加挑战。当你听到一种因果关系时，仔细考虑这3个条件，看看这个说法是否成立。你很可能会惊讶于你很少能坚定地建立因果关系。

反直觉　Think Twice

该改变时就要改变

研究格陵兰岛上斯堪的纳维亚人（Norse）的科学家，在东部居民点一所大房子的地板上发现了一个 25 岁男子的头骨。通过放射性碳技术，科学家确定这个头骨大约出现在 1300 年，也就是斯堪的纳维亚人第一次登陆格陵兰岛 400 年后。由于当时的习俗是埋葬死者，尸体的位置表明他是该地区最后一批斯堪的纳维亚人中的一员。在经历了 4 个世纪的艰难求生之后，格陵兰岛的斯堪的纳维亚人的社会崩溃了。人们想知道这个社会是如何存续那么久的。

本章的最后一种决策错误是，当有证据显示有必要做出改变时，人们缺乏灵活性，这有助于解释斯堪的纳维亚人的消亡。贾雷德·戴蒙德（Jared Diamond）① 在《崩溃》（*Collapse*）一书中讲述了这个群体历经磨难最终消亡的故事，引人入胜。撇开许多细节不谈，我们可以说，斯堪的纳维亚人在两个重要方面不够灵活。[18]

首先，斯堪的纳维亚人试图延续他们在挪威和冰岛时的生活方式。由于固执地将在其家乡行之有效的方法应用到移居的土地上，他们很快耗尽了格陵兰岛能提供的为数不多的环境资

---

① 贾雷德·戴蒙德是美国科学院院士、美国哲学学会会员。他是当代少数几位探究人类社会与文明的思想家之一。他的作品《性的进化》中文简体字版已由湛庐策划、天津科学技术出版社出版。贾雷德在该书中通过进化论的视角，解释人类行为的进化模式。——编者注

第6章 视情况而定，正确应对环境

源。他们砍伐了太多的树木（有限的燃料和建筑材料），剥去草皮盖房子（留给牲畜吃的食物更少了，导致了水土流失），允许过度放牧（破坏了该地区的植物群）。回想起来，这种摧残毫无意义，却与斯堪的纳维亚人的自我形象和经历是一致的。

其次，斯堪的纳维亚人似乎没有向当地的因纽特人学习。他们轻视因纽特人，与后者的关系基本上是敌对的，这可能反映了斯堪的纳维亚人身为欧洲基督徒的态度。尽管因纽特人掌握了在格陵兰岛贫瘠的环境中寻找食物的聪明方法，但斯堪的纳维亚人却没有借鉴他们的方法。正如戴蒙德所指出的，"斯堪的纳维亚人在未被利用的丰富食物资源面前挨饿"。他们没有像因纽特人那样捕鱼、捕鲸和捕猎环海豹。那些在昔日的环境下对斯堪的纳维亚人的群体有所助益的价值观，现在却导致了一种不可思议的僵化。这种僵化导致了最后一个斯堪的纳维亚人被饿死，就像他之前的其他同伴一样。

虽然格陵兰岛上的斯堪的纳维亚人的故事看起来像是历史上的奇闻，但当代的专业组织继续犯着同样的错误。随着世界的变化，他们延续过去的做法，拒绝接受来自其他组织的最佳实践方法。这种情况通常被称为"无力发明综合征"（not invented here syndrome）。根据环境的要求改变决策过程是一项根本性的挑战，可能会给人带来心理负担。

如何考虑环境，做出正确的决策

THINK TWICE
Harnessing the Power of Counterintuition

1. 问问自己，决策背后的理论是否能解释所处的环境。 人们常常试图根据以往的经验推断出成功的选择并应用到新的环境中，结果往往很糟糕。有缺陷的研究会找出业绩良好的组织的共性，并将这些共性作为获胜的不二法门，这种做法很受欢迎。这两个错误都没有正确地根据环境来考虑决策。

英特尔公司前员工托马斯·瑟斯顿（Thomas Thurston）在 2006 年完成的一项测试，可作为一个正面的例子。瑟斯顿精通基于环境的颠覆性创新理论，他回顾了近 50 份由英特尔新商业计划小组资助的商业计划。应用这个理论来说明创新何时成功，在不知道结果的情况下，他能够预测 85% 的成功和失败。[19] 此外，他还能找出一些企业失败的原因。随后，瑟斯顿与克莱顿·克里斯坦森合作，向商学院的学生传授这一理论。学生们在第一次筛选优胜者和失败者时几乎是随机的，但到学期结束时，学生们筛选的正确率超过了 80%。这一进步体现了理论的价值，也说明了学生可以吸取教训，表现得更好。

2. 注意相关性和因果关系陷阱。 人们有一种把因果联系起来的渴望，但往往只是为他们看到的结果编造一个原因。这就产生了观察相关性、假设因果关系的风险。当你听到相关性时，一定要考虑 3 个条件：时间的优先级、关

第 6 章 视情况而定，正确应对环境

系，以及没有其他因素导致另外两个因素相互关联。

3. 平衡简单的规则和不断变化的条件。进化为基于环境的思考提供了有力的论据。在进化过程中，个体生存和繁殖的能力并不仅仅反映特定的属性，如大小、颜色或力量。相反，导致生存和繁殖的遗传特征是内在环境。有一种做决策的方法，尤其是在快速变化的环境下做决策，即需要在一些简单但明确的规则与当前普遍存在的条件之间取得平衡。例如，优先级规则帮助管理者对他们识别的机会进行排序，退出规则告诉他们何时退出一家企业。这些规则确保管理者在认识到不断变化的条件的同时坚持某些核心理念，允许必要的灵活性，从而做出正确的决策。[20]

4. 在具有多个维度的领域中没有"最佳"实践。虽然许多人，尤其是西方人，热衷于决定哪个组织是最好的，但在一个高维领域选出一个赢家是没有意义的。兵力分配博弈的一个教训就是，在大多数情况下，获胜策略是不可传递的：所有玩家都有自己的强项和弱项，因此没有一个选手能够独占鳌头。此外，该游戏还表明，弱者如果选择了正确的策略，就可以打赢比赛中最有可能获胜的人。

在 2002 年的超级碗比赛中，新英格兰爱国者队（New England Patriots）对阵圣路易斯公羊队（St. Louis Rams），就是一个例子。公羊队在常规赛中击败了爱国者队，成为夺

147

冠热门。但是爱国者队在超级碗比赛中彻底改变了他们的策略。和之前与公羊队的比赛不同,爱国者队没有盯着四分卫库尔特·华纳(Kurt Warner),而是集中精力阻止跑卫马歇尔·福克(Marshall Faulk)。他们认识到公羊队在进攻中依赖时机和节奏,而且福克才是关键,华纳不是。

这一策略发挥了出色的作用,为爱国者队带来了一场不可思议的胜利,也获得了橄榄球界备受尊敬的评论员罗恩·贾沃斯基(Ron Jaworski)的称赞。他称:"这是我见过的最好的战术。"当然,由于在一场比赛中投入了大量的资源,爱国者队很可能会输掉其他比赛。该战略要求爱国者队在将近 3/4 的时间使用至少 5 个防守后卫。由于后卫比其他防守队员更矮,所以爱国者队很容易被击败。然而,公羊队的主教练选择不跑阵,决定"以自己的方式赢得比赛",这让苦苦哀求的球员们感到沮丧。[21] 对了,股市在 2002 年也下跌了,爱国者队是一支美国国家橄榄球联盟球队,这给超级碗指标增加了另一个有利的数据点。

大多数人都期待将同样的方法应用到下一种情况中,从而利用我们的有利经验。我们也渴望成功的公式,这是让自己安心的关键步骤。有时我们的经验和秘方会奏效,但更多时候它们会让人失望。原因通常可归结为一个简单的现实,即指导我

第 6 章 视情况而定，正确应对环境

们决策的理论基于属性，而不是基于环境。基于属性的理论是我们自然而然就会使用的，而且经常是不可抗拒的，就像我们在出生顺序的讨论中看到的那样。然而，一旦你意识到大多数问题的答案是"视情况而定"，你就已经准备着手寻找它所视的情况了。

THINK TWICE

HARNESSING THE POWER OF COUNTERINTUITION

第 7 章
洞察临界点,更好地应对相变

人们必须面对会越来越多出现突然、不可预见的变化以及罕见但极端的结果的系统。在处理这些系统时，我们都特别容易犯错误，因为人类在潜意识中希望将它们进行简化，并将过去的经验外推到未来。当你看到这些系统时，标记它们，并放慢你的决策程序。尤其是当你小心翼翼地躲避不利的黑天鹅时，关键是要坚持到迎来转机的一天。

第 7 章　洞察临界点，更好地应对相变

在 2000 年一个阳光明媚的日子里，英国女王在一片欢呼声中庆祝千禧桥（Millennium Bridge）的落成。这是自 1894 年以来伦敦首个横跨泰晤士河的新桥，它将伦敦城与北部的圣保罗大教堂以及南部的泰特美术馆和环球剧院连接起来。在一场全球竞赛中，从超过 200 个参赛作品中选出的获奖设计，是新鲜的和现代的，并突破了艺术、建筑和工程领域之间的边界。这座桥的建筑师诺曼·福斯特（Norman Foster）设想行人会享受"在明媚的阳光下于水面上行走"的愉悦。[1]

福斯特与奥雅纳（Arup）工程公司和雕塑家安东尼·卡罗（Anthony Caro）合作完成了这个项目。他们试图建造一座异常平坦、线条优美的桥，这座桥有 325 米长，但缆索垂度极低。在花费了近 2000 万英镑后，该团队似乎将美丽

的美学设计与严格的工程要求结合在了一起。这座桥符合所有国际桥梁标准,按照规格建造,奥雅纳正确地进行了所有的施工计算。

2000年6月10日,10万人参加了大桥的首次公开开放,这个数字大大超过了官方的预期。会出问题的第一个迹象出现在那天早上开放前一些人挤满了大桥并在桥上走动时。奥雅纳的一名工程师注意到了大桥的晃动,但随着人数的减少,桥的摇晃也消失了。中午时分,大桥正式向公众开放,人群从桥的两端蜂拥而至并走来走去。很快,大桥开始左右摇晃,摇晃的幅度达到了7厘米,这使得毫无防备的行人扩大了他们的站立范围,并导致了他们的步伐出现同步。在记录这一场景的视频中,人群像一群企鹅在缓慢前行。

当然,大桥的建造者很清楚人群的力量;你可能听说过行军的队伍在过桥时踩断了桥。虽然垂直运动是典型的工程问题,但千禧桥的问题是横向运动。一位过桥者将这种不寻常晃动的感觉形容成"就像是在船上",见图7-1。尽管在结构上是安全的,但这座桥在开放后仅仅两天就关闭改造了,这让整个项目团队和伦敦市都感到尴尬。[2]

在修复桥梁的过程中,工人们搭建了临时大门,并钉上了写着"桥已关闭"的标牌。在北侧的指示牌旁边,一个过路人写道:"为什么?"[3]

第 7 章 洞察临界点，更好地应对相变

图 7-1 千禧桥在开放日左右摇晃

资料来源：Getty Images.

洞察临界点的存在

反馈可以是消极的，也可以是积极的，在许多系统中，你可以看到两者之间的良好平衡。**消极的反馈是一个稳定的因素，而积极的反馈则促进改变。**但是任何一种反馈过多都会使系统失去平衡。

市场消极反馈的经典例子就是套利。例如，如果伦敦的黄金价格略高于纽约的黄金价格，套利者就会买入纽约的黄金，卖出伦敦的黄金，直到他们缩小异常的价格差。更常见的例子是恒温器，它检测室温与你设定的温度的偏差，然后发送指令将室温恢复到你想要的水平。消极反馈通过向相反的方向推进来抵制改变。

积极反馈会在同一方向上加强最初的改变。想象一下，一群鱼或一群鸟在躲避捕食者。它们一致行动以避免威胁。我们也在人们互相模仿的时尚和潮流中看到积极反馈在发挥作用。积极反馈可以解释为什么宠物石、玛卡莲娜和精灵宝可梦卡片会流行。

本章的重点是相变（phase transitions），它指的是原因上的微小增量变化导致大规模的结果变化。物理学家兼作家菲利普·鲍尔（Philip Ball）称其为"临界点"（grand ah-whoom）。[4] 在冰箱里放一盘水，温度就会降至冰点。水通常是液态的，到了临界点，水才会变成冰。温度的微小变化就会导致水从液体到固体的变化。

临界点出现在许多复杂系统中，在这些系统中，群体行为来自其组成部分的相互作用。你可以在物理世界中找到很多这样的系统，包括水分子和铁原子。但这些观点也适用于人类社会，尽管这些定律没有物理学中定义得那么清楚。股票交易所的行为，以及热门歌曲的流行都属于这方面的例子。

需要明确的是，在所有这些系统中，因果在大多数时候是成比例的，但它们也有发生相变的临界点或阈值。你可以把它们看作是当一种形式的反馈压倒了另一种形式的反馈时会出现的情况。当你没有预见到它的到来时，临界点会让你大吃一惊。[5]

让我们用相变的概念来回答刻在千禧桥标牌上的问题。当

第 7 章 洞察临界点，更好地应对相变

你走路时，你的身体会产生少量的侧向力。当一群人穿过一座坚硬的桥时，这些个体的力量通常会相互抵消，这就是消极反馈的一个例子。然而，千禧桥最初没有足够的横向减振器，当足够多的人在桥上时，就产生了轻微摇晃。这种摇晃迫使人们扩大步幅，改变他们的步态。步幅越大，侧向力就越大，晃动也就越严重。积极反馈引起的摇晃和同步的人群行为同时出现。[6]

知道临界点的存在十分重要。2000 年 12 月，奥雅纳的工程师招募志愿者在桥上行走，以确定不安全摇晃发生的水平。他们的测试显示，156 人可以在几乎没有摇晃的情况下在桥上行走，见图 7-2。但是，只要再增加 10 个行人，随着积极反馈的出现，振幅就会急剧变化，见图 7-2 右轴。尽管千禧桥处于相变的交点，但最初的 156 名过桥者走在桥上时，桥几乎没有晃动，也没有任何潜在的危险。

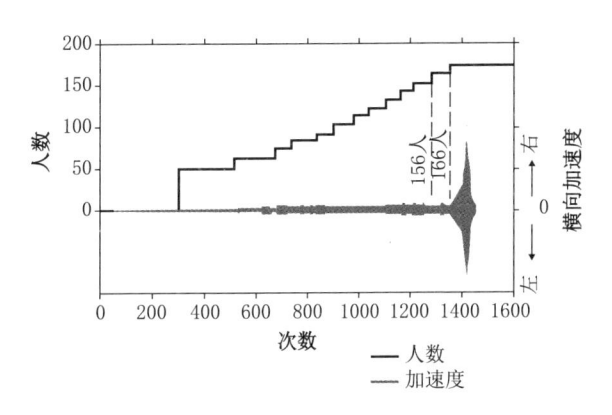

图 7-2 千禧桥突然发生晃动

资料来源：http://www.arup.com/MillenniumBridge/.

这说明了为什么临界点对于正确的反事实思考如此重要：想一想那些不可挽回的事情。[7] 对于你所看到的每一个相变，你有多少次能侥幸脱险呢？你可以想象有 50 人、100 人，甚至 150 人来测试这座桥。有害的晃荡还没有出现，而你也没有意识到它会出现。大规模的结果是由于系统的内部运作，即人在桥上行走，而不是来自外部的冲击。但风险是真实存在的。我称之为隐形脆弱。

黑天鹅事件是如何产生的

有很多现象，包括人类的身高和运动成绩，结果不会偏离平均值太远。以身高为例。世界上最高的人身高为 272 厘米，而最矮的人身高为 57 厘米，前者大约是后者的 5 倍。大约 95% 的人与平均身高相差不超过 15 厘米。身高有一个有限且可预测的结果范围。

但有些系统具有严重的偏态分布，在这些系统中，平均的概念几乎没有意义。幂次法则（Power Law）可以更好地描述这些分布，这意味着，只有少数结果真的很大或者影响很大，而大多数观察结果都很小。让我们来看看城市的大小。纽约市是美国最大的城市，有大约 800 万居民。最小的城镇大约有 50 人。所以最大和最小的城镇人口的比值大于 150 000∶1。其他社会现象，如图书或影片的销量，也表现出这种极端的差异。城市大小比人类身高的结果范围要大得多。[8]

第 7 章 洞察临界点，更好地应对相变

作家、前衍生品交易员纳西姆·塔勒布（Nassim Taleb）将幂次法则分布中的极端结果称为"黑天鹅"（black swans）。他将黑天鹅定义为具有后续影响，并且人们在事件发生后会寻求解释的异常事件。[9]在很大程度上，由于塔勒布的努力，更多的人意识到了存在黑天鹅和偏离钟形曲线的分布。但大多数人仍然不理解产生黑天鹅现象的机制。

这就是临界点和相变出现的地方。积极的反馈会导致异常的结果。而临界点有助于解释我们对黑天鹅事件的长久以来的惊讶，因为我们很难理解如此微小的增量干扰是如何导致如此大的结果变化的。我们根本看不到它们的到来，因为它们超出了我们的想象。

社会系统中这些临界点的背后是什么？群体智慧的研究给出了一个答案。[10]当多样性、汇总和激励这 3 个条件被群体接受时，他们往往能做出准确的预测。多样性是指人们对事物有不同的想法和不同的观点。汇总意味着你可以将群体的信息聚集在一起。激励是对正确的奖励和对错误的惩罚，通常是金钱的形式，但也不一定。

由于许多心理学和社会学的原因，当涉及人类时，多样性是最可能失败的条件。但最重要的是，人群不会逐渐从聪明变得愚蠢。当你慢慢消除多样性时，最初什么也不会发生，额外的削减也可能不会造成什么影响，但是到达某个临界点时，一个微小的增量减少会导致系统发生质的变化。

美国布兰迪斯大学经济学家布莱克·勒巴伦（Blake LeBaron）利用基于主体的模型（agent-based model），为股市证明了这一点。勒巴伦的模型没有使用真正的投资者，而是在计算机中创建了1 000名投资者，并给他们资金、分配投资组合的指导方法和多样化的交易规则。然后他让这些投资者自由发挥。

勒巴伦的模型能够复制我们在现实世界中看到的许多经验特征，包括繁荣和崩溃的周期。但他最重要的发现或许是，即使决策规则的多样性下降，股价仍可能继续上涨。隐形脆弱增加。但随后，到达临界点，随着多样性再次上升，股价暴跌。勒巴伦写道："在危机来临之前，人口多样性下降。由于经纪人们普遍取得了良好业绩的现象得到加强，所以他们开始使用非常相似的交易策略。这导致人们非常脆弱，因为股票需求的小幅下降可能会导致市场出现严重的不稳定。"[11]

归纳偏差、还原偏差和糟糕的预测

相变的存在导致了一些常见的决策错误。第一个错误是归纳的问题，也就是你应该如何合乎逻辑地通过具体的观察得到一般的结论。几个世纪以来，从塞克斯都·恩披里柯（Sextus Empiricus）到大卫·休谟（David Hume），尽管哲学家们一直警告人们不要根据看到的东西去做推断，但是这非常难做到。不言而喻，在有相变的系统中归纳是不起作用的，有时这种情况非常明显。

为了说明这个问题，塔勒布复述了伯特兰·罗素（Bertrand Russell）讲过的一只连续喂了1 000天的火鸡的故事。罗素说的是一只鸡。为了适应美国读者，塔勒布把它换成了火鸡。[12] 喂食会增强火鸡的安全感和幸福感，直到感恩节的前一天，意外事件发生了。所有火鸡的经验和反馈都是积极的，直到情况向糟糕的方向发生转变。

与火鸡的困境相似，在一段繁荣时期之后出现巨大损失的情况在商界反复发生。例如，被美国银行收购的美林证券（Merrill Lynch）在2007年至2008年的两年时间里遭受的损失超过了它作为上市公司36年累计利润的1/3。[13] 与一个由幂次法则支配的系统打交道，就像有一个将斧头藏在背后的人给我们喂饭。如果你坚持的时间够长，斧头就会掉下来。问题不是是否，而是何时。

"黑天鹅"一词反映了哲学家卡尔·波普尔（Karl Popper）对归纳法的批评。波普尔认为，看到很多白天鹅并不能证明所有的天鹅都是白色的，只要看到一只黑天鹅就能证明这一理论是错误的。所以他的观点是，为了理解一种现象，我们最好关注证伪，而不是证实。但我们并不是天生就倾向于证伪一些东西。

心理学家卡尔·邓克（Karl Duncker）观察到，当人们以特定的方式使用或思考某个事物时，他们很难用新的方式去思考。邓克做了一个经典实验，他给了受试者一支蜡烛、一盒大头钉和一盒火柴。然后他让受试者把蜡烛固定在墙上，不让蜡油滴到下面的桌子上。诀窍是将大头针盒作为一个平台，很少有受试者会这么做。邓克认为，人们专注一个物体的常用功能，无法对其进行不同的定义。人们有强烈的倾向会坚持一个已经形成的观点，在考虑其他的选择时则行动迟缓。

重复的、好的结果为我们提供了确凿的证据，证明我们的策略是好的，一切都很好。这种错觉会让我们产生一种没来由的自信，并带来意想不到的情况，而这种情况通常是不好的。事实上，伴随突然变化而来的相变只会增加人们的困惑。

我们在面对复杂系统时犯的另一个错误是心理学家所说的还原偏差（reductive bias）。它指的是，人们倾向于把复杂的情况和话题看得比实际简单，从而导致误解。[14] 当被要求对一个复杂而非线性的系统做决策时，人们通常会回退到考虑一个简单、线性的系统。我们的大脑会很自然地为一个与复杂问题相关但更简单的问题提供答案，但这往往会带来代价高昂的后果。

金融领域就是这种偏差的一个很好的例子。尽管早在20世纪20年代的实证研究表明，资产价格的变化并不遵循钟形

第 7 章 洞察临界点，更好地应对相变

正态分布，但经济理论仍然基于这一假设。如果你曾经听到过一位金融专家使用像 α、β 或标准差这样的术语来描述股票市场，那么你已经见证了还原偏差在起作用。大多数经济学家使用更简单但错误的价格变动分布来描述市场。包括长期资本管理公司在内的一些备受瞩目的金融崩盘，都表明了这种偏差的危险。[15]

法国数学家、分形几何之父贝努瓦·曼德尔布罗特（Benoit Mandelbrot）是最早也是最强烈批评使用正态分布解释资产价格走势的人之一。[16] 他在 1964 年出版的《股票市场价格的随机性》（*The Random Character of Stock Market Prices*）一书中的一章内容引起了轰动，因为这一章表明，资产价格的变化比之前的模型体现的要极端得多。该书编辑、麻省理工学院经济学家保罗·库特纳（Paul Cootner）对曼德尔布罗特的观点不以为然。"如果曼德尔布罗特是正确的，"他写道，"我们几乎所有的统计工具都过时了。几乎毫无例外，过去的计量经济学工作毫无意义。"[17]

但库特纳可以放心，因为曼德尔布罗特的思想从未被主流经济学认可。美国圣母大学历史学家兼经济思想哲学家菲利普·米洛斯基（Philip Mirowski）指出，"简单的历史事实是，曼德尔布罗特的经济理念基本上被忽视了，只有少数例外……但后来似乎被其提出者抛弃了"。[18]

我在纽约曾参加过一场晚宴，曼德尔布罗特也参加了。我

迟到了,只看到两张空座位。曼德尔布罗特在我到达之后不久也到了,他解释说,他的迟到是由于一个不称职的司机,他解雇了那个司机。他侧过身子问道:"你愿意载我回家吗?"

在晚宴剩下的时间里我一直担心,我在想开往郊区的1小时车程里,我要跟这位比我年长40岁的杰出人物说些什么。当他坐进副驾驶位时,我决定问问他金融领域还原偏差的历史。他非常和蔼,尽管他对主流阵营尚未接受他的观点感到沮丧。他说:"尽管市场的疯狂随机性是显而易见的,但经济学家仍然坚持认为市场的随机性不大,这在很大程度上是因为他们简化了世界,使数学更容易处理。"曼德尔布罗特强调,虽然他不知道将来会发生什么极端事件,但他确信经济学家的简单模型不会预测到。

是的,没过多久,2007年至2009年的金融危机有很多活动部件,但靠近中心的是统计学家兼数学家李祥林(David Li)发明的一个鲜为人知的公式。这个公式解决了衡量资产之间违约相关性的棘手挑战。该公式被称为高斯联结相依函数(Gaussian copula function)。

相关性对于确保证券投资组合的多样化,进而对于管理风险至关重要。例如,考虑两个可能的投资:雨伞公司和野餐篮子公司。如果天气恶劣,雨伞公司的股票价格就会上涨,而野餐篮子公司的股票价格就会下跌。当然,好天气会导致相反的市场反应。因为两只股票的表现并不相关,所以无论天气好

第 7 章 洞察临界点，更好地应对相变

坏，如果你同时持有这两只股票，那你就能实现多样性。但如果两只股票变得相互有关联，即不管出于什么原因，它们都同时上涨或下跌，那么你将面临比想象中更大的风险。

李祥林的公式预示着，它可以用一个数字来衡量一个证券投资组合中两种或两种以上资产同时违约的可能性。这为新产品打开了闸门，因为金融工程师们有了一种方法来量化捆绑了大量资产的证券的安全性或风险。例如，一家投资银行可以将公司债券捆绑在一个池子里，这种债券被称为债务抵押债券，并且该银行用李祥林的公式总结违约相关性，而不用担心池子里的每种公司债券有什么表现这些细节问题。

尽管市场参与者形容这个公式"漂亮、简单、易操作"，但它有一个致命的缺陷，因为相关性会发生变化。与还原偏差一致的是，该公式创建时考虑的是一个简单、稳定的世界，却应用在了一个复杂、不断变化的世界中。通常情况下，当经济开始下行时，违约相关性就会上升。

长期资本管理公司的失败表明，不断变化的相关性可能造成严重危害。该公司发现，在1998年之前的5年里，其多样化投资之间的相关性不到10%。为了对其证券投资组合进行压力测试，长期资本管理公司假设相关性可能升至30%，远远超过历史数据显示的水平。但当1998年金融危机来袭时，这种相关性飙升至70%。多样化投资被抛出窗外，其基金遭受了致命的损失。"任何依赖相关性的东西都是江湖骗子。"塔

165

勒布嘲笑道。或者，就像我听交易员说的那样："在熊市中唯一上涨的东西就是相关性。"[19]

处理相变的最后一个错误是相信预测。我们的世界是我们唯一知道的世界。但如果回到过去，重播那段录像，结果是否会有所不同？这是一个诱人的问题。[20]进化是否还会产生树、狗和人？如果能反映人们如何接受想法和创新的模型表明，机缘巧合在很大程度上起着作用，那我们怎么知道一切重来会发生什么，或者将来会怎样。

一般来说，没有办法检验我们看到的结果的必然性。然而，在社会学家邓肯·瓦茨（Duncan Watts）[①]的带领下，哥伦比亚大学的3名研究人员进行了一项研究。该研究从本质上塑造了多个世界，以观察人们在不同社会环境中的行为。我们可能无法重现我们这个世界的历史，但科学家们有效地创造了其他宇宙。[21]瓦茨及其同事们的发现让任何从事预测工作的人都有所迟疑。

他们创建了一个名为"音乐实验室"的网站，并邀请受试者参与一项音乐品位的研究。该网站要求受试者听48首不知名乐队的歌曲，并对其进行评分，同时可以选择下载他们喜欢的歌曲。超过14 000人参与其中，大部分人是居住在美国的

[①] 邓肯·瓦茨在颠覆性作品《反常识》中指出，你对世界的理解正在阻碍你对世界的进一步理解。该书中文简体字版已由湛庐策划、四川科技出版社出版。——编者注

第 7 章 洞察临界点，更好地应对相变

年轻人。

进入网站后，研究人员将 20% 的受试者分配到一个独立的世界，将剩下 80% 的人平均分配到 8 个不同的世界，在那里人们可以看到其他人在做什么，见图 7-3。在独立的世界里，受试者听这些歌曲并给它们评分，并且可以自由下载这些歌曲，但是不知道其他人在做什么。在其他 8 个世界里，受试者也会听歌曲并对歌曲进行评分，但社会影响起了作用，因为他们可以看到其他人下载每首歌曲的次数。研究人员又变换形式进行了一系列实验，但在所有情况下，这些歌曲一开始的下载量都为 0。

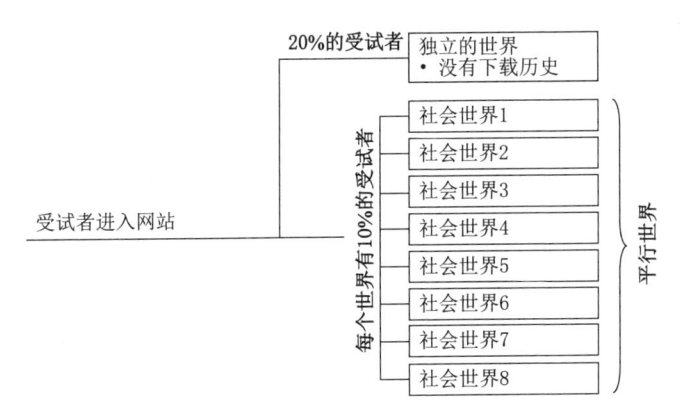

图 7-3 音乐实验室是如何创造平行世界的

资料来源：Duncan J. Watts, "Is Justin Timberlake a Product of Cumulative Advantage?" *New York Times Magazine*, April 15, 2007.

这项研究是针对社会影响进行的一项非常明确的测试。独立世界组的受试者不受他人意见的影响，提供了一个合理的歌曲品质指标。如果社会影响无关紧要,你就会认为在所有 9 个世界里,歌曲排名和下载情况都是相似的。另外,如果社会影响很重要,那么在社会世界中,初始下载模式的微小差异就会导致排名的巨大差异。积累的优势会胜过内在的品质。

研究表明,歌曲的品质确实在排名中起作用。在独立世界排名前五的歌曲,在社会影响的世界里排名前五的概率为 50%。而最差的歌曲很少能登上排行榜。但是你认为一首普通歌曲在社会世界中会有怎样的表现呢?你认为别人的观点会影响你的品位吗?

科学家们发现,社会影响对成功和失败起着巨大的作用。52metro 乐队的歌曲"Lockdown"在独立世界排行榜上排名第二十六,几乎达到了平均水平。然而,这首歌在一个社会影响世界里排名第一,在另一个社会影响世界里排名第四十。社会影响让一首普通的歌曲在一个世界大受欢迎,也就是出现了临界点,而在另一个世界,它又无人问津。这就是"Lockdown"带给我们的启示。

在 8 个社会世界中,受试者在实验早期下载的歌曲对其他受试者之后下载的歌曲有很大影响。由于每个社会世界的下载模式不同,所以结果也不同。

波利亚罐子过程(Polya urn process)给出了对这些结果

的分析。[22] 想象一个大罐子里面有两个球，一个红球，一个蓝球。你把手伸进去，随机选择一个球。假设你选了蓝球。然后加入一个一模一样的蓝球，并将两个蓝球放回罐中，罐中现在有一个红球和两个蓝球。重复这个过程，随机选择一个球，增加一个与之一模一样的球，将两个球同时放回罐中，直到将罐子装满。然后计算红球对蓝球的比例。图7-4显示了我模拟的6次实验，每一次都有100轮移出和替换。

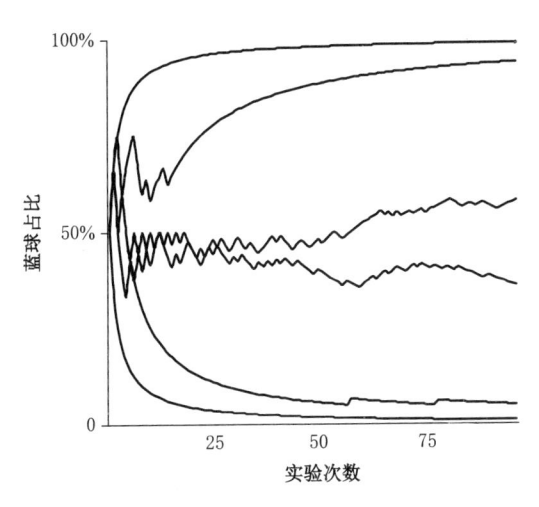

图7-4 波利亚罐子过程的结果差异很大

波利亚罐子过程的特点与音乐实验室的结果非常吻合。首先，对于单个实验，你无法提前知道结果。有可能红球的比例更高，也有可能蓝球的比例更高，并且多次试验产生的比例也不同。因此，很难预测获胜者。诚然，在现实世界中，品质更好的产品成功的可能性更高，但商业成功和品质之间并没有确定的联系。此外，社会影响往往会加剧产品的成功和失败，导致极端情况的出现。在音乐实验室的实验中，社会世界中结果的不平等远远大于独立世界。

其次，灵活性会随着时间的推移而降低。一旦你选择了一个蓝球，你选择另一个蓝球的机会就会急剧增加。如果你恰好选择了蓝球一两次，那么红球几乎不可能占据主导地位，这完全是出于统计的原因。虽然在音乐实验室实验的早期，最终结果还不清楚，但一旦出现上述情况，结果就很稳定了。在社会世界，1/3 的受试者参与后，结果就稳定下来了。就像波利亚罐子一样，最初抽中的那种颜色的球，它的运气已经注定了。

最后，还有一个记忆效应。第一个被选中的球的颜色强烈地影响着结果。同样，第一个下载歌曲的人也会影响后来的下载模式。我们的世界只是众多可能世界中的一个，初始条件的微小变化会导致结果的巨大差异。看看不同社会影响世界的排名差异就能明白这一点。

需要明确的是，波利亚罐子过程过于简单，不能完全代表音乐实验室实验和大多数的社会过程。[23] 例如，波利亚罐子过程只有两个选择，而实验世界和现实世界要复杂得多。但是波利亚罐子过程确实体现了积极反馈会导致不平衡、不可预测的结果。社会影响可能成为积极反馈的动力。

认识到社会影响在其他领域的作用并不困难。研究人员

第 7 章 洞察临界点，更好地应对相变

已经证明了积累优势在技术、行为和想法的成功中的重要性。标准格式之争就是典型的例子，包括 Qwerty 键盘与 Dvorak 键盘之争、VHS 录像带与 Betamax 录像带之争、蓝光光盘与 HD-DVD 光盘之争。[24] 每个领域都面临着同样缺乏可预测性以及成功和品质之间松散的相关性。每个领域都有临界点和相变。在因果不明的情况下，从历史中吸取教训是一个挑战。

如何应对相变，做出正确的决策

THINK TWICE
Harnessing the Power of Counterintuition

1. 研究所处理系统的结果分布。 由于塔勒布的推动，现在许多人把极端事件和黑天鹅联系在一起。在人们没有意识到两者的区别时，塔勒布很谨慎地做出了区分：如果我们了解了更广泛的分布是什么样的，无论结果多么极端，都能被正确地标记为灰天鹅，而不是黑天鹅。他称灰天鹅为"可模拟的极端事件"。事实上，科学家们已经做了很多工作对各种系统的分布进行分类，包括股票市场、恐怖活动和电网故障。[25] 因此，如果你有了解这些系统的背景知识和工具，即使没有可靠的方法来预测任何特定的事件，你也可以大致了解系统的行为。关键是要为系统产生的所有结果做好准备，无论极端与否。在大多数情况下，使人们感到焦头烂额的不是黑天鹅，即那些未知的未知，而是他们没有为灰天鹅的到来做好准备。

2. 寻找临界点。 正如在千禧桥和群体智慧的讨论中揭示出的事实,当系统参与者协调他们的行为时,群体系统往往会发生重大变化。想想 20 世纪 90 年代末的互联网繁荣,或者 2007 年至 2009 年的经济混乱。虽然多样性的减少并不一定会导致系统的改变,尽管确实会引发隐形脆弱,但多样性的减少实质上提高了改变的可能性。协调一致的行为是许多不对称结果的核心,包括畅销书、风险投资等有利结果和国家安全、借贷等不利结果。要注意多样性的程度,并认识到状态的变化往往是突然发生的。

3. 小心预测者。 人类对众多领域的预测都有极大的兴趣。一定要知道,在有相变的系统中,预测的准确性令人沮丧,即使是所谓的专家进行的预测也不例外。瓦茨说:"我们认为,有些东西可被称作'品质'……我们在世界上看到的结果反映了这种品质。"但他补充说:"得到的结果通常在很大程度上是很随意的,我认可这种想法。"[26] 最好的方法是认识到结果分布的本质,并为所有的意外事件做好准备。

4. 减轻不利因素,抓住有利因素。 在处理复杂系统时,人们常犯的一个明显的错误是在某一特定结果上下注太多。20 世纪 50 年代,贝尔实验室物理学家约翰·凯利(John Kelly)在信息理论(information theory)的基础上发明了一种最佳投注策略公式。凯利的公式告诉你根据你的优势,你需要押注多少。凯利的公式的一个核心启示是,在一个有着极端结果的系统中,孤注一掷会导致毁灭。孤

第 7 章 洞察临界点，更好地应对相变

> 注一掷是许多大型金融机构倒闭的原因，包括美国国际集团（American International Group），它们显然没有考虑极端结果。美国国际集团这家盈利丰厚的大型保险公司，为了提高利润，一头扎进衍生品业务中。该业务的很大一部分内容是销售与公司债务和抵押贷券相关的资产违约保险。2008 年股市暴跌时，美国国际集团无法履行其财务承诺，不得不接受美国政府的救助。而该公司的所有模型都没有预见到这种情况的到来。[27]
>
> 极不可能发生的极端事件既有积极的一面，也有消极的一面。在处理群体系统时，最理想的情况是以成本效益的方式接触到积极事件，并确保不受消极事件的影响。虽然事情正变得越来越复杂，但市面上的那些与极端事件相关的金融工具，往往定价错误。[28] 我们应该牢记投资界传奇人物彼得·伯恩斯坦（Peter Bernstein）的告诫："结果比可能性更重要。"这并不是说你应该关注结果而不是过程，这意味着你应该在过程中考虑所有可能的结果。[29]

人们必须面对越来越多的这类系统，它们会突然出现不可预见的变化，并且产生罕见但极端的结果。在处理这些系统时，我们都特别容易犯错误，因为人类在潜意识中希望将它们进行简化，并将过去的经验外推到未来。当你看到这些系统时，标记它们，并放慢你的决策过程。尤其是当你小心翼翼地躲避不利的黑天鹅时，关键是要坚持到迎来转机的一天。

THINK TWICE

HARNESSING THE POWER OF COUNTERINTUITION

第 8 章
均值回归,运气与实力同样重要

如果你像我一样，想要找出每一个结果产生的原因，你应该花些时间把实力和运气分开。客观地看待实力和运气的相对贡献，你就能清楚地思考均值回归的问题。对我来说，从理解均值回归中得到的最大启示和机会就是保持冷静。如果因为一点好运，结果非常好，那就准备好迎接结果接近平均水平的时刻吧。如果因运气不好，结果令人失望，要认识到事情会变好。

第 8 章　均值回归，运气与实力同样重要

老板大发雷霆。2005 年，传奇的纽约洋基棒球队在前 12 场比赛中只赢了 4 场，球队老板乔治·斯坦布伦纳（George Steinbrenner）无法抑制自己的沮丧情绪。"我对我们队的表现不佳感到非常失望，"他愤怒地说，"一个收入最高的棒球队在赛季一开始就如此消沉，对我来说难以置信。他们有赢球的天赋，却没有赢。"即使赛季的比赛才进行了 7%，球队的总教练乔·托尔（Joe Torre）也只能同意："斯坦布伦纳什么也没说，我们自己当然也不知道。当他确实花了钱的时候，他期望得到的要比已经得到的更多。"[1]

洋基队确实成功了，在常规赛中取得了分区第一的成绩，但这并不是因为老板的斥责。但有多少是由于实力，又有多少是源于运气呢？这很难说。在商业和投资等很多领域，我们都很难

区分实力和运气。结果，我们犯了一系列可预测的、寻常的错误，比如没有意识到团队或个人会不可避免地向均值回归。本章，我将从一个全新的视角解释你所在团队的连胜和颓败，以及员工、业务单位、股票经纪人和其他专业人士作为个体和团体的表现。

理解均值回归的关键

达尔文的表兄弗朗西斯·高尔顿（Francis Galton）是英国维多利亚时代的博学家，喜欢数数。高尔顿对包括进化论、心理学和气象学在内的众多主题都感到好奇，并用经验主义的原则来检验自己的想法。他一生收集和分析了大量的数据。

通过探究和调查的过程，高尔顿发现了均值回归（mean reversion）现象，这是统计学上一个了不起的成就。

均值回归的思想是，对于许多类型的系统来说，一个非均值的结果出现后会紧接着出现一个期望值更接近均值的结果。虽然大多数人认识到了均值回归的概念，但他们常常会忽略或误解这一概念，从而导致在分析中出现了一系列的错误。[2]

高尔顿对这个话题的兴趣始于"天才源自遗传"这一观点。他注意到，音乐家、艺术家、科学家等天才之士，他们的能力都远高于平均水平。虽然他们的孩子的能力也高于平均水平，但更接近平均水平。然而，天才是很难衡量的。所以高尔顿转

第8章 均值回归，运气与实力同样重要

向了他可以衡量的东西：甜豌豆。他将甜豌豆种子按大小进行分类，结果显示，虽然其后代的大小倾向于与亲本种子相似，但前者的平均大小更接近整个种群的平均值。[3]

虽然在当时，正态分布或钟形分布是众所周知的，但当时的思想家们普遍认为，这种分布是平均值周围存在的大量小误差导致的结果。例如，许多科学家可能会估计一颗行星的位置。由于仪器不够精密、计算不够准确，每一次估计都有一些误差。如果这些误差在一个方向和在另一个方向上的可能性一样大，它们就会相互抵消，而这些估计的平均值就会成为行星的真实位置。

但是误差理论不能解释高尔顿的发现。他意识到一定有一种不同的机制在起作用。遗传显然在决定豌豆的大小方面起着重要的作用；误差并不只是简单地分布在某种普遍的平均值周围。

因此，高尔顿开始着手对人类身高进行详细研究。他收集了400名父母及其900多名成年子女的身高。他将母亲和父亲的身高组合成他所说的"中等身高"（mid-parent stature），发现它们遵循正态分布。然后，他计算了这些孩子的身高，发现他们的身高回归到了均值。个子高的父母往往会生出个子高的孩子，但这些孩子的身高更接近所有孩子的平均身高。个子矮的父母通常会生出个子矮的孩子，但这些孩子比他们的父母高，见图8-1。这些数据使高尔顿得以演示和定义均值回归。[4]

179

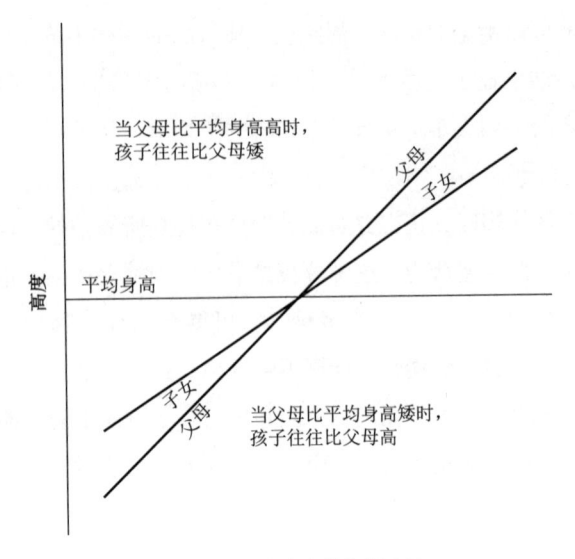

图 8-1 人类身高的均值回归

资料来源：Francis Galton, "Regression towards Mediocrity in Hereditary Stature," *Journal of the Anthropological Institute* 15 (1886): 246-263.

高尔顿的重要见解是，即使身高从一代到下一代出现了向均值的回归，但随着时间的推移，身高的总体分布仍然保持稳定。这种组合给人们设置了一个陷阱，因为均值回归意味着随着时间的推移，事情变得更加平均，而稳定的分布意味着事情不会有太大的变化。**充分理解变化和稳定是如何结合在一起的，是理解均值回归的关键。**[5]

巨大的成功 = 一些实力 + 很多运气

人类在努力尝试中，其结果是实力和运气的组合。例如，

第 8 章 均值回归，运气与实力同样重要

在棒球比赛中，一个投手可以博得满堂彩，但是他所在的球队可能会因为偶然事件而输掉比赛。当然，实力和运气的影响程度取决于进行的活动。玩老虎机不需要任何实力。但赢得国际象棋比赛就需要相当的实力和少量的运气。然而，即使一个玩家的实力没有改变，但他的运气却会变来变去。

例如，想象一下一个高尔夫球手在不同的日子里，在两轮比赛中的得分情况。如果这位高尔夫球手第一轮的成绩远远低于他的差点指数（handicap）[①]，你估计他第二轮的成绩会如何？答案是同样不会太好。第一轮的超常得分不仅是因为他实力高超，而且也是因为非常幸运。即使他在第二轮比赛中同样实力强劲，但你不能指望他能有同样的好运。[6]

任何结合了实力和运气的系统都会随着时间的推移而向均值回归。当有人请丹尼尔·卡尼曼为 21 世纪提供一个公式时，他巧妙地抓住了这个观点。他实际上给出了两个公式：

$$成功 = 一些实力 + 运气$$

$$巨大的成功 = 一些实力 + 很多运气$$

自然，糟糕的结果是一些实力和很多坏运气的结合。

[①] 简称差点，是用于衡量高尔夫球员在标准难度球场上打球时潜在能力的指数。——编者注

2005年，纽约洋基棒球队的前12场比赛就是这样的。然而，随着时间的推移，实力的光芒随着运气的平衡而闪耀，这能够说明为什么洋基队能取得第一名。斯坦布伦纳对球队的看法太过狭隘了。他看到洋基队在12场比赛中输了8场，但是他没有考虑到洋基队的球员是美国最有实力的球员，尽管他给球员们支付了相当多的薪水。洋基队运气好转后就开始赢了。

当你忽略了均值回归的概念，你就会犯3种错误。第一种错误是认为自己很特别。我曾在与一家公司高级管理团队的会面中，讨论了我对公司业绩中均值回归的理解。高管们都会意地点点头。然后首席执行官插话道："是的，我们很了解均值回归的概念，但这并不适合我们，因为我们找到了更好的公司经营方式。"但愿如此吧。

忽略均值回归的一个例子来自投资领域。你更愿意雇用哪位投资经理：是近期跑赢大盘的人还是落后于指数的人？当然，这个问题没有简单的答案。很明显，运气在你能从任何投资中赚到多少钱的问题上扮演着重要而又难以捉摸的角色，尤其是在短期内。但是，尽管行业专家们都很聪明，知道运气的重要性，但他们始终无法将这种知识运用到他们的决策当中。

美国埃默里大学金融学教授阿米特·戈亚尔（Amit Goyal）和亚利桑那州立大学金融学教授苏尼尔·沃哈尔（Sunil

第 8 章 均值回归，运气与实力同样重要

Wahal）分析了 3 400 个退休计划、捐赠基金和基金会（计划赞助商）如何雇用和解雇那些在 10 年期内管理投资基金的公司。研究人员发现，计划赞助商倾向于聘用近期业绩良好的经理。解雇经理的首要原因是业绩不佳。研究人员注意到，与均值回归一致的是，在随后的几年里，许多被解雇的经理都比被雇用的经理表现更好，见图 8-2。[7]

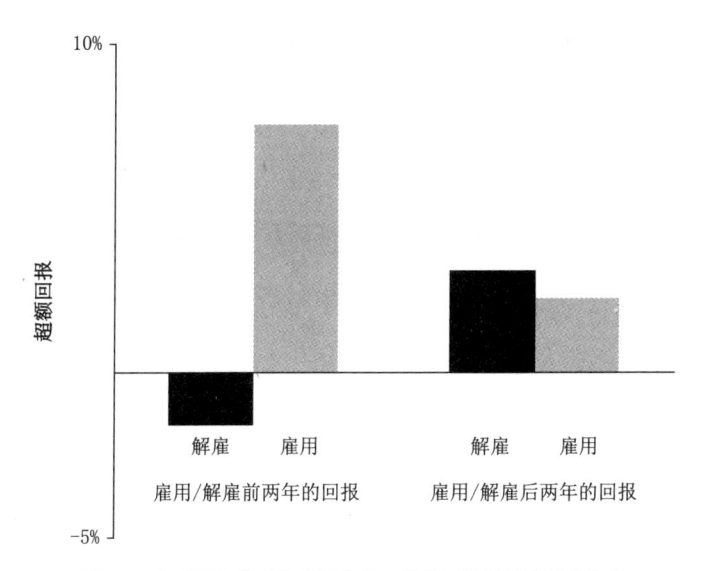

图 8-2　炙手可热的时候雇用他们，业绩不佳的时候解雇他们

资料来源：Amit Goyal and Sunil Wahal, "The Selection and Termination of Investment Management Firms by Plan Sponsors," *Journal of Finance* 63, no. 4 (2008): 1805-1847.

个人投资者的行为也类似。个人获得的回报通常是标准普尔 500 指数的 50%～75%，正是因为他们将资金投入到热门市场，然后在下跌后将资金撤出。他们高买低卖。那些

忽视均值回归的人，放弃了自己辛苦赚来的钱的可观投资回报。[8]

在我的研究中，我发现华尔街的分析师在建立公司未来财务业绩模型时，忽略了均值回归的影响。分析师在考虑公司销售增长率和盈利能力水平等关键因素时，经常会忽视均值回归的证据。[9]

持久的实力与短暂的运气

美国西北大学经济学家贺拉斯·西克里斯特（Horace Secrist）在其1933年出版的《平庸状态在商业活动中的胜利》（*The Triumph of Mediocrity in Business*）一书中写道："在竞争激烈的商业活动中，平庸往往占上风。"随笔一划，西克里斯特就成了与均值回归相关的第二种错误的长久代表，即对数据内容的曲解。[10] 西克里斯特的书确实令人印象深刻。400多页的篇幅显示了一个又一个系列的均值回归，他显然肯定了平庸的趋势。我的研究为西克里斯特的观点提供了一个例子。图8-3显示，10年中，1 000多家公司的样本（分成5分位数）中，投入资本回报率（Return On Invested Capital，ROIC）和加权平均资本成本之间的差异如何向均值回归，该数字跟踪了每个5分位数ROIC的中值。虽然图8-3中的例子相对较新，但这幅图应该很适合西克里斯特一书的内容。[11]

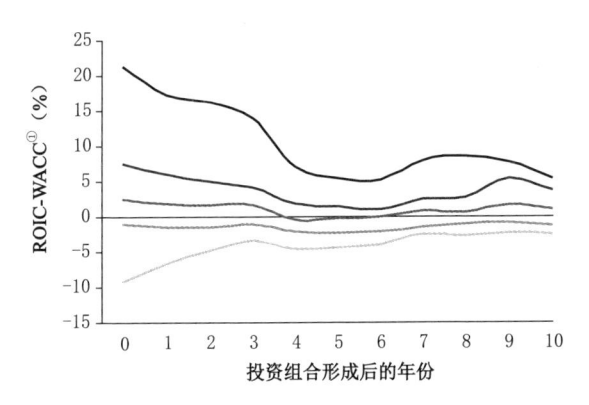

第 8 章 均值回归，运气与实力同样重要

图 8-3 企业投资资本回报率的均值回归（1997—2007）

西克里斯特的书大体上受到了热烈欢迎，但值得注意的是，哥伦比亚大学经济学家、统计学家哈罗德·霍特林（Harold Hotelling）的一篇措辞严厉的评论除外。霍特林指出了问题所在："这些图表仅仅证明了所讨论的比率有漂移的倾向。"[12] 图 8-4 展示的内容对于理解霍特林的评价，可谓一目了然。图 8-4 的上图是 1997 年样本的 ROIC 分布，中间图是图 8-3 中的均值回归，下图是 2007 年的 ROIC 分布。注意，图 8-4 的上图和下图所示的分布看起来非常相似。

与西克里斯特的建议相反，并不是所有公司都具有向均值迁移或向方差缩小的趋势。事实上，还有一种不同但同样有效的数据呈现方式，也可以显示出一种"从平庸走向日益多样化的趋势"。[13] 对这些数据更准确的看法是，随着时间的推移，这

---

① WACC 是 Weight Average Cost of Capital（加权平均资本成本）的缩写。——编者注

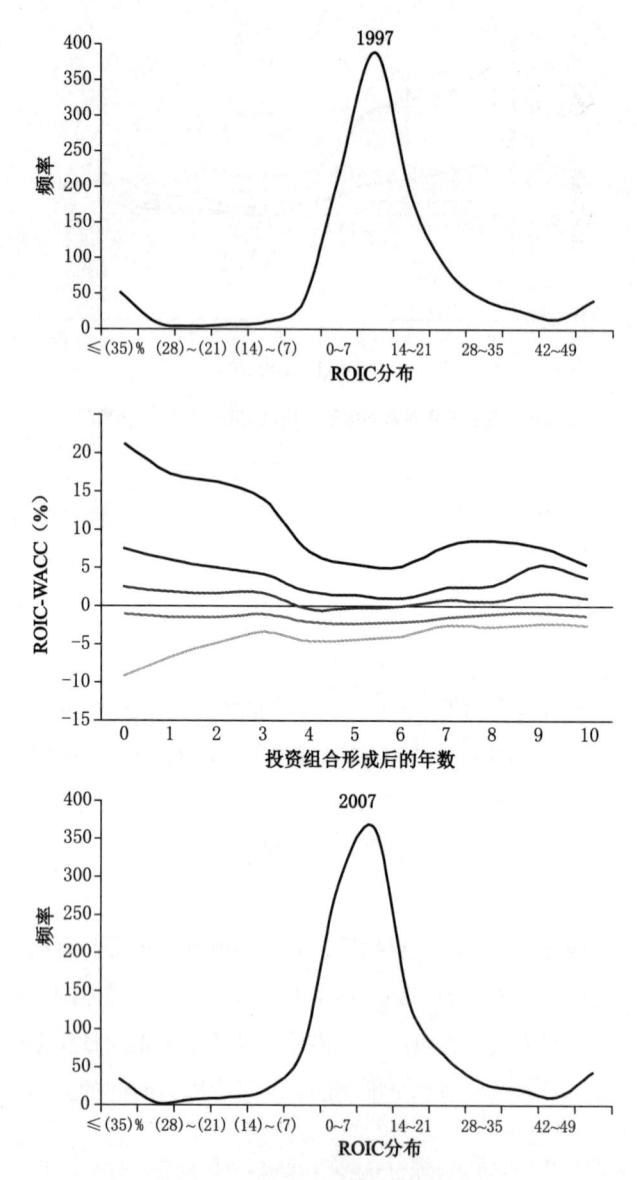

图 8-4 均值回归并不代表平庸的胜利

第 8 章 均值回归，运气与实力同样重要

些公司的运气会发生改变，并将它们放在分布的不同位置上。曾经非常走运或非常倒霉的公司自然可能会向均值回归，但随着时间的推移，整个系统看起来非常相似。

如果你对从现在到过去而不是从过去到现在的均值回归进行分析，结果会怎样？高个子孩子的父母是更高还是较矮？

均值回归有一个违反直觉的含义，那就是不管你是向前运行数据还是向后运行数据，你都会得到相同的结果。所以，高个子孩子的父母往往也很高，但没有前者高。今天有着高回报的公司，在过去也有高回报，但没有现在的回报高。图 8-5 通过倒转时间箭头来说明这一点。图中的 5 分位数是基于 2007 年的 ROIC，因此与可以追溯到 1997 年的图 8-3 中的 5 分位数有所不同，但与图 8-3 的相似性很明显。

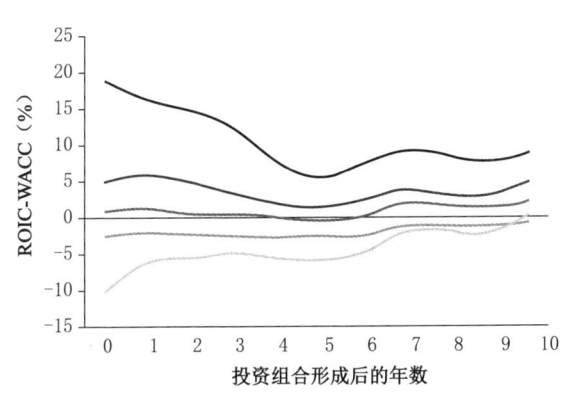

图 8-5　均值回归也适用于从现在到过去（2007—1997）

以下是对这个问题的看法。所谓结果，一部分是持久的实力，一部分是短暂的运气。任何特定时期的极端结果，都反映了特别好的运气或特别糟的运气。在这段时期之前或之后，由于运气的贡献不那么大了，所以结果会变得不那么极端。

惩罚与奖赏，哪个更有效

丹尼尔·卡尼曼曾受邀帮助以色列空军的飞行教官提高他们的训练技能。在目睹了教官向学员们抛出污言秽语后，卡尼曼向教官们讲述了一项针对鸽子的研究，该研究证明了为何积极的反馈比严厉的批评更能激励学员。一位教官反驳道："先生，恕我直言，您这番话毫无用处。"这位激动的教官接着解释说，飞行员在受到表扬后，在下一次飞行中往往表现得更差，而在受到斥责后往往表现得更好。

卡尼曼一开始很吃惊，但很快就意识到飞行教官们犯了我们所说的第三种错误。教官认为他的侮辱使飞行员飞得更好。实际上，他们的表现只是均值回归的结果。如果一个飞行员的飞行表现异乎寻常地好，他就更有可能获得教官的称赞。然后，当飞行员的下一次飞行回归到均值水平时，教官就会看到一个更正常的表现，并得出结论，表扬对飞行员的表现不利。教官们没有意识到，相比于均值回归，他们的反馈对下一次飞行的表现没那么重要。[14]

有些人认为洋基队在2005年获得排名第一的成绩得益于

斯坦布伦纳的愤怒，这些人也犯了同样的错误。主要的教训是，反馈应该集中在人为能够控制的那部分结果上。我们称之为实力部分或过程。如果不能区分实力和运气，仅仅针对结果做出的反馈几乎是无用的。

落入光环效应的陷阱

20世纪20年代，心理学家爱德华·桑代克（Edward Thorndike）首次描述了光环效应（the halo effect），它与均值回归密切相关，并说明了许多针对企业经理的研究中存在的致命缺陷。光环效应是指人类倾向于根据总体印象做出具体推论。例如，桑代克发现，当军队中的上级根据智力、体格、领导能力等具体素质给下级军官打分时，这些素质之间的相关性高得令人难以置信。如果军官喜欢他的下属，在给全体下属打分时就会很慷慨。如果他不喜欢他的下属，就会打出很低的分数。实际上，下级军官给上司留下的总体印象掩盖了细节。[15]

菲尔·罗森维（Phil Rosenzweig）在《光环效应》（*The Halo Effect*）一书中指出，这种错误在商界普遍存在。他指出，我们倾向于观察财务上成功的公司，并将卓越的领导能力、富有远见的战略、严格的财务控制等特征与成功联系在一起，并建议其他人凭借这些特征来实现自己的成功。研究管理的研究人员往往是这一观点的忠实拥护者，他们往往意识不到运气在企业业绩中的作用。而且，如果研究人员陷入光环效应的陷阱，他们用来支撑自己所持观点的大量数据就变得毫无意义了。[16]

例如，罗森维指出，媒体会称赞一家表现出色的公司有"合理的战略、有远见的领导人、有动力的员工、优秀的客户导向、充满活力的文化等"。[17]但如果该公司的业绩随后回归到均值，旁观者就会得出结论，认为所有这些因素都出了问题，而实际上，这类事情并没有发生。在很多情况下，是同样的人用同样的策略经营着同样的业务。均值回归塑造了公司的业绩，而公司业绩反过来又操纵着人们的感知。

罗森维举了瑞士工业公司ABB的例子。20世纪90年代中期，《金融时报》连续3年将ABB评为欧洲"最受尊敬的公司"，表明该公司"在经营业绩、企业战略和最大限度挖掘员工潜力方面获得了非常高的评价"。ABB首席执行官珀西·巴恩维克（Percy Barnevik）也获得了嘉奖。韩国管理协会授予他"全球最佳荣誉经理人"称号，这个奖项是颁给获得最多奖项的人的。

20世纪90年代末至21世纪初，ABB的业绩开始下滑。媒体在报道中列举出的ABB成功的关键因素，如分散管理所带来的灵活性，又成为ABB衰败的原因，因为"分散的部门最终导致了冲突"。[18]但是，舆论风向的最大转变还是针对巴恩维克本人的，对他的评价从"有魅力、大胆、有远见"变

第 8 章 均值回归，运气与实力同样重要

成了"傲慢、专横、听不得批评"。《财富》杂志的记者理查德·汤姆林森（Richard Tomlinson）和葆拉·耶尔特（Paola Hjelt）回顾了 ABB 公司的兴衰，并得出结论说："巴恩维克从来没有像他在 20 世纪 90 年代所获得的好评那样好，也没有像媒体报道的那么糟。"[19]

虽然汤姆林森和耶尔特的理解是正确的，但媒体往往会延续光环效应。成功的个人和公司点缀在杂志封面上，用闪亮的故事诉说他们成功的秘密。光环效应反过来也会起作用，正如媒体指出表现不佳公司的缺点一样。媒体关注极端表现的倾向是可以预见的，因此它已成为一个可靠的反面指标。

美国里士满大学金融学教授汤姆·阿诺德（Tom Arnold）、约翰·厄尔（John Earl）和戴维·诺思（David North）回顾了《商业周刊》《福布斯》《财富》在过去 20 年间刊登的封面故事。他们把有关公司的文章从最看涨到最看跌进行了分类。他们的分析显示，在封面故事出版的 2 年前，看涨文章中提到的公司的股票产生了高于 42% 的超高回报率，而在看跌文章中出现的公司的业绩落后近 35%，这与你的预期一致。但在文章发表后的 2 年里，受到杂志批评的公司的股票回报率，几乎是受到称赞的公司的 3 倍，也就是回归了均值。体育迷们也有一种说法来形容这一现象，叫《体育画报》（*Sports Illustrated*）封面的诅咒，指的是球队或运动员登上杂志封面后，成绩往往会变差。[20]

罗森维以一种令人震惊的方式表明，大多数畅销商业图书中的思想都成了光环效应的牺牲品。他表示，这些书在商业上取得了成功，因为它们向经理们讲述了一个他们想听的故事：任何公司都可以通过采取这些步骤获得成功。事实上，在瞬息万变的商业环境中，没有简单的公式可以确保成功。

例如，吉姆·柯林斯（Jim Collins）在他广受欢迎的《从优秀到卓越》（*Good to Great*）一书中列出了11家伟大的公司，并指出它们都是所谓的刺猬。它们专注自己最擅长的事情，努力去做任何能带来经济增长的事情。它们充满激情。因此，这本书给我们的一个启示是，如果你的公司能养成刺猬的习惯，它也能成功。然而，重要的问题不是所有伟大的公司是否都是刺猬，而是所有的刺猬是否都是伟大的。"如果后一个问题的答案是否定的，而且一定是否定的，那么过多地关注商业幸存者会在分析中产生偏差，从而得出错误的结论。

现在你已经开始警惕均值回归和光环效应的组合了，你会发现它无处不在。20世纪90年代末，美国公司执行委员会（Corporate Executive Board）对公司成长做了一些发人深省的研究。我发现这项分析很有用，并立即把它整合到我的工作中。大约10年后，该公司发布了这项分析的更新版本。一开始，我很兴奋能得到基于"详尽研究"的最新发现。

第8章 均值回归，运气与实力同样重要

但当我意识到新的研究受到光环效应的影响时，我很快就泄气了。与之前的工作不同，这次更新的分析定义了公司销售增长的上升和下降模式，挖掘了数十年的数据来寻找符合这种模式的公司业绩，然后将具体的战略、组织和外部因素等属性附加到符合条件的公司上。尽管这些研究结果很吸引人，包装得也很好，却是在有缺陷的分析基础上进行的。

如何避免与均值回归相关的错误，做出正确的决策

THINK TWICE
Harnessing the Power of Counterintuition

1. 评估实力和运气的比重。 即使你有分析工具，辨别实力和运气的贡献也不是一件容易的事。[21] 为了使思路更具体，来看一看表 8-1 中列出的游戏。最左边一列是完全信息博弈游戏（complete-informotion games），每个玩家都知道对手的位置、回报和可用的策略。在这些游戏中，结果在很大程度上取决于实力。最右边一列是纯粹靠运气取胜的游戏，实力在其中没有任何作用。中间一列的游戏结果同时取决于实力和运气。

表8-1 什么决定了结果，实力还是运气

实力	实力和运气	运气
国际象棋	扑克	轮盘赌
跳棋	西洋双陆棋	老虎机
围棋	《大富翁》	滑道梯子棋

193

这里有一个简单的方法，可以测试某个活动的结果是否与实力有关：问问自己是否能故意输。[22] 想想赌场游戏，比如轮盘赌或老虎机。赢或输纯粹是运气的问题。你做什么并不重要。但如果你可以故意输，那么实力就很重要了。这个简单的测试揭示了运气在投资中的作用。虽然大多数人意识到很难建立一种能击败标准普尔 500 指数的投资组合，但他们并不知道建立一个比基准情况差得多的投资组合有多难。

因此，当你对受运气影响的活动结果下结论，尤其是对短期结果下结论时，应该非常小心。我们不太擅长决定在特定情况下应该给予实力和运气多少权重。当好事发生时，我们倾向于认为是实力的功劳。当不好的事情发生时，我们认为它是偶然的。所以，忘掉结果，专注过程。

我们也要认识到，对于那些受偶然因素影响强烈的系统，并不缺少评论。斯坦布伦纳的故事让我们意识到，运气在棒球比赛中扮演着重要的角色，尤其是在短期内。然而，棒球解说员们在分析比赛过程时，却很少意识到运气解释了大部分的情况。同样的原则也适用于商业领域和市场。

2. 仔细考虑样本的大小。 丹尼尔·卡尼曼和阿莫斯·特沃斯基证实，人们会通过小样本推断出毫无根据的结论。[23] 但是，清楚地考虑样本大小是必要的，原因有以下几个。

第8章 均值回归，运气与实力同样重要

首先，运气对你观察到的结果的贡献越大，你需要用于区分实力和运气的样本就越大。棒球比赛就是一个很好的例子。在一个有162场比赛的赛季中，最好的球队脱颖而出的可能性很大。然而，在短期内，几乎任何事情都可能发生。在《点球成金》（Moneyball）一书中，经常就问题提出新观点的作家迈克尔·刘易斯（Michael Lewis）指出："在一个包含5场比赛的系列比赛中，最差的棒球队大约有15%的机会打败最好的球队。"[24] 在国际象棋或网球比赛中你不会看到这种情况，在这些比赛中，无论比赛时间长短，最好的选手几乎总是能打败最差的选手。

其次，当大量的人参与一个活动，他们中的一些人会完全靠运气而获得成功。因此，在有很多参与者的领域，你也必须仔细审查长期的成功记录。投资记录就是一个很好的例子。

在比赛和体育运动中，球迷们经常误解热手和连胜连败。热手（hot hand）指的是"成功孕育成功"的信念。我们倾向于相信，如果一个篮球运动员投进了一次，他更有可能投进下一次。

以色列本-古里安大学商学教授迈克尔·巴-伊莱（Michael Bar-Eli）研究了影响人类表现的心理决定因素，尤其是与体育相关的心理决定因素。巴-伊莱和他的同事对"热手"的研究做了详细的分析，得出的结论是"热手存在的经验证据相当有限"。[25]

这并不是说球员没有连续投进或连续投不进的可能。当然，他们确实会遇到这种情况。关键在于这一连串的成功和失败与球员的实力水平是一致的。例如，一个投篮命中率为60%的篮球运动员大约有7.8%（0.6^5）的可能性会连续投进5个球。一个投篮命中率为40%的球员只有1%（0.4^5）的机会连续命中5次。从统计学的角度看，正如你所期望的那样，最好的球员比最差的球员有更多的可能会连胜。

最后，在一个特定的活动中取得连续的成功，需要大量的实力和运气。事实上，连胜最能说明某个人在某一领域具备实力，因为光靠运气是无法做到的。我对篮球和棒球中各种运动连胜的分析清楚地表明，能做到连胜的人在各自领域中的实力是最强的。

斯坦福大学商学院组织行为学教授杰克尔·邓雷耳（Jerker Denrell）展示了样本大小和学习之间的联系。他在他的论文《为什么大多数人不喜欢我：经验取样和印象形成》(*Why Most People Disapprove of Me : Experience Sampling and Impression Formation*) 中指出，你对一个人或组织的第一印象决定了你未来与之互动的程度。因此，如果你经营的企业是与客户打交道的，那么确保给客户留下良好的第一印象就尤为重要。[26]

想象一下，你到一家以前没去过的餐厅用餐，有两种可能的结果。第一种情况，餐厅样样都好。你享用了一顿丰盛的晚餐，而且价格合理，服务周到。你会再次光顾吗？

第 8 章 均值回归，运气与实力同样重要

第二种情况，餐厅不怎么好。你吃了一顿很普通的晚餐，服务员态度冷淡，而且收费远远高出你的预期。你会再次光顾吗？

大多数人在第一种情况下会再次光顾，但在第二种情况下不会。假设均值回归，你第二次去餐厅可能会发生什么？很有可能饭菜不会那么好，或者服务水平会有所下降。但在这种情况下，即使这家餐厅不那么讨人喜欢，你也会对它有更准确的评价。而且，如果你因为一次糟糕的体验而不再光顾这家餐厅，你笃定自己不会收集到任何额外的信息，即使这些信息像均值回归表明的那样会更令人满意。所以，相比于自己不喜欢的人和事，人们对自己喜欢的人和事往往有更清晰的认识，因为他们有更丰富的样本。

3. 注意系统内部或系统本身的变化。 不是所有的系统都能随着时间的推移保持稳定，所以弄清楚系统如何以及为什么发生变化是很重要的。个体实力水平的变化就是一个明显的例子。因此，运动员的年龄就是一个很好的例子。在许多职业运动中，运动实力在接近 30 岁的几年中会持续提高，然后开始稳步下降。因此，随着时间的推移，实力超出平均水平的运动员，会因为实力的下降而回归到平均水平。实力的丧失自然也适用于其他领域，包括商业和医学领域。

此外，系统本身可能会发生变化。斯蒂芬·杰·古尔德分析了为什么自从 1941 年特德·威廉姆斯（Ted

Williams）之后，在一个完整的棒球比赛赛季里，再也没有出现过能保持 0.400 的打击率的球手。在考虑了一些可能但没有说服力的解释后，古尔德指出，虽然大联盟的平均打击率多年来一直相当稳定，但标准差已经从 1941 年的约 32% 缩小到今天的约 27%。钟形分布的钟的宽度比以前要窄。分布的右侧更接近平均水平，这或许可以解释为什么没有再出现 0.400 的打击手。古尔德将标准差的降低归结为大联盟中球手的整体实力更强、更接近。[27]

4. 留心光环效应。 包括商学院教授和顾问在内的整个"家庭手工业"正在努力地为商人们提供解决问题的简洁方案。这是如何提高销售额的方法；这是如何创新的方法；这是管理员工的方法。但是，你只要看到某种方法提供了能取得成功的秘密、公式、规则或特征，就可以肯定有人在向你兜售"灵丹妙药"。不过，发现光环效应需要意志坚定，因为供应商们在贩卖诱人的故事，以及看上去价值巨大并且非常严谨的建议，但这些都是虚假的。

如果你像我一样，想要找出每一个结果产生的原因，你应该花些时间把实力和运气分开。客观地看待实力和运气的相对贡献，你就能清楚地思考均值回归的问题。对我来说，从理解均值回归中得到的最大启示和机会就是保持冷静。如果因为一点好运，结果非常好，那就准备好迎接结果接近平均水平的时刻吧。如果因运气不好，结果令人失望，要认识到事情会出现转机。

THINK TWICE
Harnessing the Power of
Counterintuition

结　论

反直觉思考：做出正确决策的 7 个行动建议

我曾经和一些同事一起参加了一个系列讲座。这些话题虽然引人入胜，但带有明显的学术和抽象色彩。在最后一次演讲结束之后，我的一位同事叹息道："讲座很好，但是我明天应该做些什么不同的事情呢？"我不确定第二天会有什么不同的做法。不过，如果非要说本书的启示有什么价值的话，那就是它们直接告诉我们应该怎么做。

在列举这些做法之前，先来看看你不需要做什么。你不必在每次做决策前都再三考虑。由于大多数决策都是直截了当的，有明确的后果，所以不涉及本书中介绍的那些错误。我们每天都要做很多决策，风险通常都很低。即使风险不低，最好的方法往往也显而易见。

当风险足够大，本能的决策过程导致你做出

次优选择时，本书的价值就体现出来了。

因此，你必须了解潜在的错误（准备），在情境中识别它们（识别），并在时机成熟时做出更敏锐的最终决策（应用）。这里有可以帮助我们做出正确决策的 7 个建议。

提高识别错误的意识

在引言中，我说这些错误必须是常见的、可识别的和可预防的。如果我的信息传达成功了，你会发现这些错误无处不在。你首先要做的就是在日常信息流中识别这些错误。我敢打赌你不会缺少材料。

这种做法在一定程度上受到了数学家约翰·艾伦·保罗斯（John Allen Paulos）作品的启发，其中包括《数学家读报》（*A Mathematician Reads the Newspaper*）。[1] 保罗斯有趣地解释了如何以数学家的视角观察日常事件和评论，能够给出一个有用的观点。这是一个适应这些想法的绝好方法。如果你对他人的欠佳想法和二流决策一清二楚，你就能在面对潜在错误时更好地指出它。

对我来说，书中的错误引发了两种反应。一方面，我对周围的草率思考摇摇头，无论是错误的因果关系、光环效应，还是未能考虑到基本比率。例如，在为这本书做调查时，我发现一篇论文指出了流行歌曲的节拍变化与标准普尔 500 指数回报率的标准差之间的相关性。[2] 媒体报道自然是暗示，节拍变化可能会导致市场波动。可能吗？我想是这样的。很可能吗？我不会拿我的钱在这件事上打赌。

另一方面，在写作的过程中，我更加深刻地体会到很多问题要想弄清楚有多困难。事实是，我们很容易犯错误，当信息不完整、不确定性很大的时候，这就会导致不好的结果。更大的问题是事后会发生什么。一旦结果被披露，后见之明偏差（hindsight bias）就会出现，许多评论人士表示，他们在事情发生之前就知道会发生什么。此外，当事态恶化时，每个人都希望有人承担责任。当事情变好时，每个人都想抢功。这本书至少能鼓励你在事件和决策刚开始时谨慎行事。

培养同理心，从他人的角度思考决策

考虑他人的观点或经验是促成更优决策的有效方法。这种心态在很多层面上都至关重要。首先是接受外界的看法。虽然我们面临的很多决策对我们来说都是罕见的，比如结婚、做一桩大的并购，或者搬到另一个社区，但这些事情很多人以前都经历过。这些累积的经验创建了一个参考类别，可以指导你的选择。

考虑情境的力量也很重要。它的理念是，在评估他人的选择时，要小心避免过多解读他人的个性，而是要仔细考虑他们所处的情境。我们看到，情境对决策的影响可能呈两个极端。

然而，我们大多数人都犯了基本归因错误，错误地将决策方式置于情境之前。

记住，你的行为会引发反应，而且在很多情况下，你可能预料不到这些反应。博弈论者一直在研究如何更好地应对这些相互作用，特别是当它们是一对一的时候。但要弄清楚一个复杂适应系统将如何应对也非常具有挑战，试图管理生态系统的生态学家或试图指导经济的财政部长就是例证。很少有重大的决策是在真空条件下做出来的，所以你必须考虑每种选择的潜在影响。[3]

考虑他人决策的动机也很重要，特别是当这些决策影响到你的时候。激励很重要。学习谈判课程，因为熟练的谈判者善于找出对对方来说什么是重要的，并达成互利的解决方案。即使你没有直接与另一方打交道，理解激励机制也能为了解人们如何做决策提供有价值的线索。

领导者还必须培养同理心。如果你是决策者，而其他人承受着你的选择所带来的后果，那么理解他们的观点和感受是达到预期效果的关键。同理心不仅能帮助你做出决策，还有利于决策后的沟通和管理。

认识到实力和运气的作用

我们在商业、投资和体育等领域看到的结果是实力和运气的结合，但大多数人并没有很好地考虑两者的相对贡献。但是区分实力和运气对于做决策和评估结果是至关重要的。

当运气在结果的形成中起着重要作用时，你应该预料到，均值回归决定了在极端结果之后出现更多的平均结果。运气扮演的角色越重要，你就需要越多的数据来正确区分实力和运气的成分。例如，短期投资结果在很大程度上反映了随机性，并不能说明投资者的敏锐。

如果你对别人的表现提出建设性的批评，就要确保你的评论集中在实力部分。从定义上看，这是在做一件事的过程中个人能够控制的唯一部分。在做出批评时，人们很容易把实力和运气混为一谈。

写决策日志

改善决策最好的一种方法是通过及时、准确、清晰的反馈。这种类型的反馈是刻意练习的核心，是培养专业技能的必要成分。问题是反馈的品质在不同的领域差别很大。在某些领域，如天气预报和赌博，反馈是快速和精确的。在其他领域，包括长期投资和商业战略，反馈往往是滞后的，而且常常含糊不清。举例来说，研究表明，天气预报员的预测往往比金融分析师更准确，这既反映了系统，也反映了反馈。[4]

反馈能产生价值的前提是你真的想要听到它。但是菲利普·泰洛克对专家的深入研究却揭示了专家们会做出"信念系统防御"（belief system defenses）。[5] 即使有证据表明他们的预测是错误的，专家们也会想出各种方法来捍卫他们的选择，这在很大程度上是为了保持他们的自我形象。这条建议的启示是，如果你不使用它，即使是好的反馈也没有用。

如果你真的想要改善你的决策，并且愿意接受反馈，有一个简单、廉价却有巨大价值的方法，即写决策日志。无论何时你做了一个重要的决策，花点时间写下你的决策，你是如何做出这个决策的，以及你希望发生什么。如果你有时间和兴趣，也可以记录你的身体和心理感受。

一本详细记录的决策日志有两个好处。第一个好处是，决策日志可以让你审查自己的决策。很多时候，做了决策并观察了结果之后，我们的想法会改变我们如何做决策的故事，对于好的结果尤其如此。把决策过程亲自写下来，就不太可能事后再找新的解释。当用糟糕的过程做出的决策产生好的结果时，这个审查过程尤其有用。

第二个好处是，你有可能会找出模式。当回顾决策日志时，你可能会开始注意到你的感受和决策如何实现之间的关系。例如，你可能会注意到，心情好时，你更有可能对自己的评估过于自信。

在国际象棋和武术方面已取得世界级成就的乔希·维茨

金（Josh Waitzkin）描述了前国际象棋世界冠军蒂格兰·彼得罗辛（Tigran Petrosian）的做法。当比赛持续数天或数周时，彼得罗辛早上醒来，会静静地坐在他的房间里，仔细评估自己当时的情绪。然后，他根据这种情绪制定当天的比赛计划，并取得了巨大的成功。决策日志可以为类似的自省提供结构化的工具。[6]

创建决策清单

当面临一个艰难的决策时，你希望能够清楚地考虑到你可能无意中忽略的东西。这就是决策清单的好处所在。

例如，2009 年《新英格兰医学杂志》（*The New England Journal of Medicine*）发表了一项研究的结果，该研究跟踪了采用检查清单前后，手术并发症的发生率。这项研究使用了来自不同国家的 8 个城市的 7 600 多例手术的数据。研究人员发现，当医生使用检查清单时，死亡率几乎下降了一半，其他并发症的发生率下降了 1/3。[7] 当然，飞行员也发现了清单在确保飞行安全方面的价值。但问题是，你是否可以为所有的活动制定一个清单。

人们未充分使用清单。但是，清单的适用性在很大程度上取决于领域的稳定性。在稳定的环境中，因果关系非常清楚，事情也不会有太大的变化，清单就很好用。但在瞬即变化的环境中，创建一个清单就困难得多了。在这些环境中，清单可以在某些方面帮助决策。例如，一位投资者评估一只股票时，可能会使用清单，以确保他正确地建立了自己的财务模型。

一个好的清单可以平衡两个相反的目标。它应该足够普遍，考虑到了不同的条件，但又要足够具体，以指导行动。找到这种平衡意味着清单不应该太长。理想情况下，一两页纸能够写下。

如果你还没有创建一个清单，尝试一下，看看哪些问题会浮出水面。把注意力集中在步骤或程序上，问问自己以前的决策在哪里偏离了轨道。并且要认识到，错误往往是由于忽略了某个步骤，而不是由于执行其他步骤不当造成的。

进行事前检验

很多人都熟悉事后分析，即在知道结果后对决策进行分析。例如，教学医院召开发病率和死亡率会议，以审查患者护理中的错误，并修改决策过程。但心理学家加里·克莱因（Gary Klein）提出了一种他称之为事前检验（premortem）的方法，即在做出决策之前进行的一个过程。假设你在未来，而你所做的决策已经失败了，然后你需要为失败提供合理的理由。实际上，就是在做决策之前，想办法找出为什么你的决策会导致糟糕的结果。克莱因的研究表明，由于还没有任何个人或团体对一个决策进行投资，事前检验比其他技术更能帮助人们识别更多的潜在问题,并鼓励更开放的交流。

你可以在决策日志中追踪你的个人或团体的事前检验。观察失败的可能原因也可能揭示出问题的早期迹象。[8]

了解未知的事情,考虑最坏的结果

在大多数日常决策中,因果关系是很清楚的。如果你做了X,Y就会发生。但决策涉及具有许多相互作用部分的系统时,因果关系往往是不清楚的。例如,气候变化会带来什么?恐怖分子接下来会袭击哪里?新技术什么时候会出现?记住沃伦·巴菲特说过:"几乎所有的意外都令人不快。"[9]因此,考虑最坏的情况是至关重要的,而这在繁荣时期通常被忽略。

也要抵制把复杂系统想得过于简单的诱惑。金融领域最大的一个挑战是,创建既对从业者有用,又能捕捉市场大幅波动的模型。我们可以将大多数大型金融灾难追溯到一个模型上,该模型未能捕捉到股票市场等复杂系统固有的丰富结果。

关于决策,有一个有趣的矛盾。几乎每个人都意识到它的重要性,但很少有人去实践。我们为什么不训练年轻的学生做决策呢?为什么只有很少的专业人士,如高管、医生、律师和政府官员精通这些伟大的想法?

在日常事务中有一些常见的、可识别的错误，你可以理解、看到并有效地管理它们。在这些情况下，正确的决策方法常常与你的大脑的本能反应相冲突。但是现在，你知道什么时候该采用反直觉的方式思考了，更好的决策就会随之而来。所以要做好心理准备，识别情境，运用正确的技巧，然后多多练习。

THINK TWICE
Harnessing the Power of
Counterintuition

致　谢

十分荣幸有机会向那些思维缜密而优秀的人学习。在我写作本书的过程中，那些鼓励、指导并给我启发的人使这一漫长旅程丰盛而充实。

我在美盛资产管理（Legg Mason Capital Management）的同事非常出色，他们给我提供了宝贵的支持和配合。我能够在市场困难时期写成这本书，证明了这个组织对学习的承诺。特别是比尔·米勒（Bill Miller）和凯尔·莱格（Kyle Legg），他们保障了我接受这项挑战需要的灵活性，我希望我能回报他们对我的十足信心。

许多人慷慨地与我分享了他们的时间和知识。他们给我讲故事，阐明观点，或者在我偏离正轨时给我指引正确的方向。这些人包括奥利·阿申费尔特（Orley Ashenfelter）、格雷戈里·伯恩斯、安杰拉·弗雷穆特·卡夫尼（Angela Freymuth Caveney）、克莱顿·克里斯坦森、卡特里娜·菲立克、布雷恩·罗伯逊（Brian

Roberson)、菲尔·罗森维、杰夫·塞弗茨、托马斯·瑟斯顿和邓肯·瓦茨。

得到正确的想法并不总是那么容易。我很荣幸拥有一个小组,小组中的每个人都是各自领域的领导者,他们阅读并评论了这本书的部分内容。感谢史蒂文·克里斯特、斯科特·佩奇、托马斯·西利、斯蒂芬·施蒂格勒(Stephen Stigler)、史蒂夫·斯托加茨(Steve Strogatz)和戴维·温伯格(David Weinberger)。

圣塔菲研究所一直是我学习和灵感的巨大源泉。圣塔菲研究所采用多学科的方法来理解复杂系统中出现的共同主题。这个研究所吸引了那些有求知欲和合作精神的人,我很感激这些科学家、工作人员和网络成员愿意与我分享这么多。特别要感谢道格·欧文(Doug Erwin)、香农·拉森(Shannon Larsen)、约翰·米勒(John Miller)、斯科特·佩奇和杰弗里·韦斯特(Geoffrey West)。

阅读手稿的初稿并向作者提供反馈既困难又耗时。我很幸运地得到了来自各行各业杰出人士的帮助,他们是保罗·德波德斯塔(Paul DePodesta)、道格·欧文、迪克·福斯特(Dick Foster)、米歇尔·莫布森(Michelle Mauboussin)、比尔·米勒、迈克尔·珀斯基(Michael Persky)、阿尔·拉帕波特、戴维·施威茨(David Shaywitz)和3位匿名的评审人。感谢你们付出了宝贵时间并提供了非常有帮助的建议。

致　谢

我一直是丹尼尔·卡尼曼作品的崇拜者。在为写作本书所做研究的过程中,我对他在心理学,尤其是在做决策方面所做的贡献,产生了深深的敬意。他是当之无愧的心理学巨子,他的作品几乎启发了这本书的每一个思想。

我要特别感谢我的朋友劳伦斯·冈萨雷斯(Laurence Gonzales)。多年来,劳伦斯和我都问过很多关于决策的问题。但由于他的背景和经历与我非常不同,他开阔了我的眼界,让我了解了许多新的、有用的观点。他愿意与我分享他的想法,这就使我欠了他的情。

但是劳伦斯是一位非常有才华的作家,远远超出了和我交换想法的高度。一收到这本书的初稿,他就特别提出要对它进行全面编辑。整理他的评论是我做过的最困难和最有价值的工作之一。他教我写作技巧,使我敏锐地思考,坚持清晰的思路。对劳伦斯来说,写作是为思想服务的,而不是反过来。我对你感激不尽,劳伦斯。

丹·卡拉汉(Dan Callahan)是我在美盛资产管理的同事,他是这个项目不可或缺的一部分。丹提供了重要的研究支持,并使各项证据更有条理。最重要的是,他阅读了许多章节的初稿,并提供了有用的反馈。在做这些的同时,他还兼顾了其他工作,这超出了他的职责范围。丹,非常感谢你。

我还要感谢 A. J. 阿尔珀(A. J. Alper),他想出了这个书名（包括从"风险"的角度呈现本书的内容），并欣然允许我使用它。和阿尔珀一起工作很愉快，他能在创造力和商业意识之间做到很好的平衡。

我要感谢哈佛商业出版社的编辑柯尔丝滕·桑德伯格（Kirsten Sandberg），是她带领这个项目从一次头脑风暴会议变成一本书。与柯尔丝滕交流想法总是有益的，她的反馈在许多重要的地方使手稿更加精炼了。我很感激柯尔丝滕，因为她告诉我不要忽视受众、信息，并且教会我如何将两者联系起来。无论是大事还是小事，阿尼娅·维考斯基（Ania Wieckowski）在整个编辑过程中都很出色，而珍·韦林（Jen Waring）使整个出版过程顺利高效。

我的妻子米歇尔一直给予我源源不断的爱、支持和建议。她也鼓励并允许我去追求自己的爱好。米歇尔对初稿的评论直截了当、恰到好处，只有当妻子的人才能做到。我的母亲克洛蒂尔达·莫布森（Clotilde Mauboussin）一直是我生命中坚定的力量，为我提供了所有我想要的机会。我的岳母安德烈娅·马洛妮·沙拉（Andrea Maloney Schara）对学习保持着高度的热情，令人钦佩。最后，我要感谢我的孩子安德鲁、亚历克斯、玛德琳、伊莎贝尔和帕特里克。他们每个人都在某种程度上帮助我完成了这本书，我希望有一天他们会发现这些想法能对他们的生活有帮助。

THINK TWICE
Harnessing the Power of
Counterintuition

注 释

引言 聪明反被聪明误

1. Stephen Greenspan, "Why We Keep Falling for Financial Scams," *Wall Street Journal*, January 3, 2009.
2. Roger Lowenstein, *When Genius Failed: The Rise and Fall of Long-Term Capital Management* (New York: Random House, 2000).
3. Laurence Gonzales, *Everyday Survival: Why Smart People Do Stupid Things* (New York: W.W. Norton & Company, 2008), 92–97.
4. Camilla Anderson, "Iceland Gets Help to Recover from Historic Crisis," *IMF Survey Online*, December 2, 2008; and Michael Lewis, "Wall Street on the Tundra," *Vanity Fair*, April 2009, 140–147, 173–177.
5. Keith E. Stanovich, *What Intelligence Tests Miss: The Psychology of Rational Thought* (New Haven, CT: Yale University Press, 2009), 2–3.
6. Richard H. Thaler, "Anomalies: The Winner's Curse," *The Journal of Economic Perspectives* 2, no. 1 (1988): 191–202.
7. Max H. Bazerman, *Judgment in Managerial Decision Making*, 6th ed.(New York: John Wiley & Sons, 2006), 33–35.
8. Rosemarie Nagel, "Unraveling in Guessing Games: An Experimental Study," *American Economic Review* 85, no. 5 (1995): 1313–1326. Also, Richard H. Thaler, "From Homo Economicus to Homo Sapiens," *The Journal of Economic Perspectives* 14, no. 1 (2000): 133–141. 几年来,我一直在我的班上进行这个实验。按从多到少的顺序,最常见的猜测是 0、22、1 和 33。有关人们为什么只进行一至两级推论请详见: Colin F. Camerer、Teck-Hua Ho、Juin-Kuan Chong,

"A Cognitive Hierarchy Model of Games," *The Quarterly Journal of Economics* 119, no. 3 (2004): 861–898。

9. Scott E. Page, *The Difference*: *How the Power of Diversity Creates Better Groups, Firms, Schools, and Societies* (Princeton, NJ: Princeton University Press, 2007), 36–41.

10. J. Edward Russo and Paul J. H. Schoemaker, *Winning Decisions*: *Getting It Right the First Time* (New York: Doubleday, 2002), 9 and 124.

11. Nassim Nicholas Taleb, *Fooled by Randomness*: *The Hidden Role of Chance in Life and in the Markets*, 2nd ed. (New York: Thomson Texere, 2004).

12. Daniel Kahneman and Amos Tversky, "Prospect Theory: An Analysis of Decision Making Under Risk," *Econmetrica* 47, no. 2 (1979): 263–291.

13. Daniel Kahneman, "A Short Course in Thinking about Thinking," *Edge.org*, 2007.

第1章 考虑外部视角，并非每个问题都独一无二

1. Tom Pedulla, "Big Brown Makes His Run at Immortality," *USA Today*, June 6, 2008.

2. Ryan O'Halloran, "A 'Foregone Conclusion'?" *Washington Times*, May 30, 2008.

3. 从技术上讲，大布朗并不是完成比赛的最后一名。他的骑师使它放慢了速度。记录人员在图表中把一匹放慢了速度的马列在最后，但是这匹马相当于没有完成比赛。

4. Arthur Bloch, *Murphy's Law*: *The 26th Anniversary Edition* (New York: Perigee Trade, 2003), 70–71.

5. 我是从史蒂文·克里斯特的博客 Gristblog 上得到的这些统计数据："Triple Crown Bids" (May 19, 2008); "Triple Crown Figs" (May 21, 2008)。

6. Dan Lovallo and Daniel Kahneman, "Delusions of Success," *Harvard Business Review*, July 2003, 56–63.

7. Shelley E. Taylor and Jonathan D. Brown, "Illusion and Well-Being:

注 释

A Social Psychological Perspective on Mental Health," *Psychological Bulletin* 103, no. 2 (1988): 193–210.

8. Mark D. Alicke and Olesya Govorun, "The Better-Than-Average Effect," in *The Self in Social Judgment*, ed. Mark D. Alicke, David A. Dunning, and Joachim I. Krueger (New York: Psychology Press, 2005), 85–106.

9. Justin Kruger and David Dunning, "Unskilled and Unaware of It: How Difficulties in Recognizing One's Own Incompetence Lead to Inflated Self-Assessments," *Journal of Personality and Social Psychology* 77, no. 6 (1999): 1121–1134.

10. Neil D. Weinstein, "Unrealistic Optimism about Future Life Events," *Journal of Personality and Social Psychology* 39, no. 5 (1980): 806–820.

11. Ellen J. Langer, "The Illusion of Control," *Journal of Personality and Social Psychology* 32, no. 2 (1975): 311–328.

12. Michael C. Jensen, "The Performance of Mutual Funds in the Period 1945–1964," *The Journal of Finance* 23, no. 2 (1968): 389–416. Burton G. Malkiel, "Returns from Investing in Equity Mutual Funds 1971–1991," *The Journal of Finance* 50, no. 2 (1995): 549–572. 要了解技术原因导致的表现优异的基金匮乏，参见：Laurent Barras, O. Scaillet, Russ R. Wermers, "False Discoveries in Mutual Fund Performance: Measuring Luck in Estimated Alphas," Robert H. Smith School research paper RH 06-043, Swiss Finance Institute research paper 08-18,September 1, 2008；有关积极管理成本的量化，参见：Kenneth R. French, "Presidential Address: The Cost of Active Investing," *The Journal of Finance* 63, no. 4 (2008): 1537–1573。

13. Mark L. Sirower, *The Synergy Trap*: *How Companies Lose the Acquisition Game* (New York: Free Press, 1997), 123; Tom Copeland, Tim Koller, and Jack Murrin, *Valuation*: *Measuring and Managing the Value of Companies*, 3rd ed. (New York: John Wiley & Sons, 2000), 114–115.

14. Francesco Guerrera and Julie MacIntosh, "Luck Played Part in Rohm and Haas Deal," *Financial Times*, July 10, 2008.

15. Alfred Rappaport and Michael J. Mauboussin, *Expectations In-*

vesting: *Reading Stock Prices for Better Returns* (Boston: Harvard Business School Press,2001), 153–169.

16. 病人-医生模型的演化过程，参见: Raisa B. Deber, "Physicians in Health Care Management: The Patient-Physician Partnership: Decision Making, Problem Solving and the Desire to Participate," *Canadian Medical Association* 151, no. 4 (1994): 423–427. For poor decisions, see Donald A. Redelmeier, Paul Rozin, and Daniel Kahneman, "Understanding Patients' Decisions: Cognitive and Emotional Perspectives," *The Journal of the American Medical Association* 270, no. 1 (1993): 72–76。

17. Angela K. Freymuth and George F. Ronan, "Modeling Patient Decision-Making: The Role of Base-Rate and Anecdotal Information," *Journal of Clinical Psychology in Medical Settings* 11, no. 3 (2004): 211–216. 要了解更多奇闻轶事的力量，参见: Mark Turner, *The Literary Mind* (New York: Oxford University Press, 1996)。

18. Roger Buehler, Dale Griffin, and Michael Ross, "Inside the Planning Fallacy: The Causes and Consequences of Optimistic Time Predictions," in *Heuristics and Biases*: *The Psychology of Intuitive Judgment*, ed. Thomas Gilovich, Dale Griffin, and Daniel Kahneman (Cambridge: Cambridge University Press, 2002), 250–270.

19. Daniel Gilbert, *Stumbling on Happiness* (New York: Alfred A. Knopf, 2006), 228. Also, see James G. March, *A Primer on Decision Making*: *How Decisions Happen* (New York: Free Press, 1994).

20. Danny Kahneman, "A Short Course in Thinking about Thinking," *Edge.org*, 2007. 要想了解外部思考在体育界的更多优秀案例，参见: Michael Lewis, Moneyball: *The Art of Winning an Unfair Game* (New York: W.W.Norton & Company, 2003); David Romer, "Do Firms Maximize? Evidence from Professional Football," *The Journal of Political Economy* 114, no. 2 (2006):340–365。

21. Daniel Kahneman and Amos Tversky, "Intuitive Prediction: Biases and Corrective Procedures," in *Judgment Under Uncertainty*: *Heuristics and Biases*, ed. Daniel Kahneman, Paul Slovic, and Amos Tversky (Cambridge: Cambridge University Press, 1982), 414–421. For a simplified version, see Lovallo and Kahneman, "Delusions of Success."

注 释

22. Stephen Jay Gould, *Full House*: *The Spread of Excellence from Plato to Darwin* (New York: Harmony Books, 1996), 45–56.
23. Chuck Bower and Frank Frigo, "What Was Coach Thinking?" *New York Times*, February 1, 2009.

第2章 开放选项，避免视野狭窄

1. Steven Schultz, "Freshman Learn About Thinking from Nobel Laureate," *Princeton Weekly Bulletin* 94, no. 3 (2004).
2. Amos Tversky and Daniel Kahneman, "Judgment under Uncertainty: Heuristics and Biases," *Science* 185, no. 4157 (1974): 1124–1131.
3. Philip Johnson-Laird, *How We Reason* (Oxford: Oxford University Press, 2006), 417.
4. Billy Goodman, "Thinking about Thinking," *Princeton Alumni Weekly*, January 29, 2003, 26–27.
5. Philip N. Johnson-Laird, *Mental Models* (Cambridge: Harvard University Press, 1983); 要想了解不那么正式的讨论，参见：Peter D. Kaufman, ed., *Poor Charlie's Almanack*, 2nd ed. (Virginia Beach, VA: PCA Publication, 2006) ; Laurence Gonzales, *Everyday Survival*: *Why Smart People Do Stupid Things* (New York: W.W. Norton & Company, 2008), 19–32。
6. 说得更正式一些，心智模式理论做了3个假设。首先，每个模式都代表了一种可能性，捕获了这种可能性可能发生的大多数常见方式。其次，模式是"标志性的"；模式的各个部分与它所表示的内容相对应。最后，心智模式代表了什么是正确的，但不代表什么是错误的。Philip N. Johnson-Laird, "Mental Models and Reasoning," in *The Nature of Reasoning*, ed. Jacqueline P. Leighton and Robert J. Sternberg (Cambridge: Cambridge University Press, 2004), 169–204.
7. Nicholas Epley and Thomas Gilovich, "The Anchoring-and-Adjustment Heuristic: Why the Adjustments Are Insufficient," *Psychological Science* 17, no. 4(2006): 311–318.
8. Gregory B. Northcraft and Margaret A. Neale, "Experts, Amateurs, and Real Estate: An Anchoring-and-Adjustment Perspective on Property Pricing Decisions," *Organizational Behavior and Human*

Decision Processes 39, no. 1(1987): 84-97.

9. Adam D. Galinsky and Thomas Mussweiler, "First Offers as Anchors: The Role of Perspective-Taking and Negotiator Focus," *Journal of Personality and Social Psychology* 81, no. 4 (2001): 657-669. See also, Deepak Malhotra and Max H. Bazerman, *Negotiation Genius*: *How to Overcome Obstacles and Achieve Brilliant Results at the Bargaining Table and Beyond* (New York: Bantam Books, 2007), 27-42.

10. Jerome Groopman, *How Doctors Think* (Boston: Houghton Mifflin, 2007), 41-44.

11. Ibid., 63-64; and Ian Ayres, *Super Crunchers*: *Why Thinking-by-Numbersis the New Way to be Smart* (New York: Bantam Books, 2007), 98-99.

12. Jason Zweig, *Your Money and Your Brain*: *How the New Science of Neuroeconomics Can Help Make You Rich* (New York: Simon & Schuster, 2007),53-84.

13. Scott A. Huettel, Peter B. Mack, and Gregory McCarthy, "Perceiving Patterns in Random Series: Dynamic Processing of Sequence in Prefrontal Cortex," *Nature Neuroscience* 5, no. 5 (2002): 485-490.

14. Leeat Yariv, "I'll See It When I Believe It—A Simple Model of Cognitive Consistency," discussion paper 1352, Cowles Foundation, New Haven, CT, February 2002.

15. Carol Tavris and Elliot Aronson, *Mistakes Were Made (but not by me)*: *Why We Justify Foolish Beliefs, Bad Decisions, and Hurtful Acts* (Orlando, FL:Harcourt, Inc., 2007), 13.

16. John F. Ashton, *In Six Days*: *Why Fifty Scientists Choose to Believe in Creation* (Green Forest, AZ: Master Books, 2001), 351-355; Richard Dawkins, *The God Delusion* (Boston: Houghton Mifflin Company, 2006), 284-286.

17. Leon Festinger, Henry W. Riecken, and Stanley Schachter, *When Prophecy Fails*: *A Social and Psychological Study of a Modern Group That Predicted the Destruction of the World* (Minneapolis: University of Minnesota Press, 1956), 168.

18. Ibid., 176.

19. Raymond S. Nickerson, "Confirmation Bias: A Ubiquitous Phenomenon in Many Guises," *Review of General Psychology* 2, no. 2

(1998): 175–220.

20. Robert B. Cialdini, *Influence*: *The Psychology of Persuasion*, rev. ed. (New York: Quill, 1993), 60–61.
21. Elihu Katz and Paul F. Lazarsfeld, *Personal Influence*: *The Part Played by People in the Flow of Mass Communications* (New York: Free Press, 1955).
22. Drew Westen, Pavel S. Blagov, Keith Harenski, Clint Kilts, and Stephan Hamann, "Neural Bases of Motivated Reasoning: An fMRI Study of Emotional Constraints on Partisan Political Judgment in the 2004 U.S. Presidential Election," *Journal of Cognitive Neuroscience* 18, no. 11 (2006): 1947–1958.
23. "Political Bias Affects Brain Activity, Study Finds," January 24, 2006.
24. Marvin M. Chun and René Marois, "The Dark Side of Visual Attention," *Current Opinion in Neurobiology* 12, no. 2 (2002): 184–189; Daniel J. Simons and Christopher F. Chabris, "Gorillas in Our Midst: Sustained Inattentional Blindness for Dynamic Events," *Perception* 28, no. 9 (1999): 1059–1074; William James, *The Principles of Psychology*, vol. 1 (New York: Henry Holt & Co., 1890); Richard Wiseman, *Did You Spot the Gorilla? How to Recognize Hidden Opportunities* (London: Random House, 2004); Arien Mack and Irvin Rock, *Inattentional Blindness* (Cambridge: MIT Press, 1998); and Torkel Klingberg, *The Overflowing Brain*: *Information Overload and the Limits of Working Knowledge* (New York: Oxford University Press, 2009).
25. David Klinger, *Into the Kill Zone*: *A Cop's Eye View of Deadly Force* (San Francisco: Jossey-Bass, 2004).
26. Robert M. Sapolsky, *Why Zebras Don't Get Ulcers*: *An Updated Guide to Stress*, *Stress-Related Disease, and Coping* (New York: W.H. Freeman and Company, 1994); and Samuel M. McClure, David I Laibson, George Loewsenstein, and Jonathan D. Cohen, "Separate Neural Systems Value Immediate and Delayed Monetary Rewards," Science 306 (October 15, 2004), 503–507.
27. 杰尔姆·格鲁普曼讲了一个简单的故事,参见: Groopman, *How Doctors Think*, 225–233。
28. George A. Akerlof and Robert J. Shiller, *Animal Spirits*: *How Human*

Psychology Drives the Economy, and Why It Matters for Global Capitalism (Princeton, NJ: Princeton University Press, 2009), 36–37; and Whitney Tilson and Glenn Tongue, *More Mortgage Meltdown: 6 Ways to Profit in These Bad Times* (New York: John Wiley & Sons, 2009), 29–47.

29. Alan Greenspan, "Testimony to the Committee of Government Oversight and Reform," October 23, 2008.
30. Max H. Bazerman, George Loewenstein, and Don A. Moore, "Why Good Accountants Do Bad Audits," *Harvard Business Review*, November 2002, 97–102; and Don A. Moore, Philip E. Tetlock, Lloyd Tanlu, and Max H. Bazerman, "Conflicts of Interest and the Case of Auditor Independence: Moral Seduction and Strategic Issue Cycling," *Academy of Management Review* 31, no. 1 (2006): 10–29.
31. Malhotra and Bazerman, *Negotiation Genius*, 19–24. See also, Max H. Bazerman and Michael D. Watkins, *Predictable Surprises: The Disasters You Should Have Seen Coming and How to Prevent Them* (Boston: Harvard Business School Press, 2004).
32. J. Edward Russo and Paul J. H. Schoemaker, *Winning Decisions: Getting It Right the First Time* (New York: Currency, 2002), 86–89.
33. Doris Kearns Goodwin, *Team of Rivals: The Political Genius of Abraham Lincoln* (New York: Simon & Schuster, 2005).
34. Søren Kierkegaard, *The Diary of Søren Kierkegaard* (New York: Carol Publishing Group, 1993), 111; and Max H. Bazerman, *Judgment in Managerial Decision Making*, 6th ed. (New York: John Wiley & Sons, 2006), 37–39.
35. Antonio Damasio, *The Feeling of What Happens: Body and Emotion in the Making of Consciousness* (New York: Harcourt Brace & Company, 1999), 42.

第3章 利用群体智慧做出决策，不盲目依赖专家

1. James Surowiecki, *The Wisdom of Crowds: Why the Many Are Smarter Than the Few and How Collective Wisdom Shapes Busi-*

ness, Economies, Societies and Nations (New York: Doubleday and Company, 2004).

2. Gary Hamel with Bill Breen, *The Future of Management* (Boston: Harvard Business School Press, 2007), 229–239; Renée Dye, "The Promise of Prediction Markets: A Roundtable," *The McKinsey Quarterly*, no. 2 (April 2008): 83–93; and Steve Lohr, "Betting to Improve the Odds," *New York Times*, April 9, 2008.

3. 预测市场是真实货币交易市场，人们可以在有二分式结果和临时定义结果的事件上下注：因此，价格反映了事件发生的概率。Kenneth J. Arrow, Robert Forsythe, Michael Gorham, Robert Hahn, Robin Hansen, John O. Ledyard, Saul Levmore, Robert Litan, Paul Milgrom, Forrest D. Nelson, George R. Neumann, Marco Ottaviani, Thomas C. Schelling, Robert J. Shiller, Vernon L. Smith, Erik Snowberg, Cass R. Sunstein, Paul C. Tetlock, Philip E. Tetlock, Hal R. Varian, Justin Wolfers, Eric Zitzewitz, "The Promise of Prediction Markets," *Science* 320 (May 16, 2008): 877–878; Bo Cowgill, Justin Wolfers, Eric Zitzewitz, "Using Prediction Markets to Track Information Flows: Evidence from Google," working paper, 2008.

4. Phred Dvorak, "Best Buy Taps 'Prediction Market,'" *Wall Street Journal*, September 16, 2008.

5. Hilke Plassmann, John O'Doherty, Baba Shiv, and Antonio Rangel, "Marketing Actions Can Modulate Neural Representations of Experienced Pleasantness," *Proceedings of the National Academy of Sciences* 105, no. 3 (2008): 1050–1054.

6. Ian Ayres, *Super Crunchers: Why Thinking-by-Numbers Is the New Way to Be Smart* (New York: Bantam Books, 2007), 1–6. 实际上，这不是阿瑞斯的公式。对原始资料的检查表明，阿瑞斯在他的公式中犯了两个错误（常数应该是负值，而且小数点的位置有偏差）。我相信这个方程是正确的。

7. Orley Ashenfelter, "Predicting the Quality and Prices of Bordeaux Wines," Working paper no. 4, American Association of Wine Economists, April 2007.

8. Steven Pinker, *How the Mind Works* (New York: W.W Norton & Company,1997), 305–306.

9. J. Scott Armstrong, Monica Adya, and Fred Collopy, "Rule-Based Forecasting: Using Judgment in Time-Series Extrapolation" in *Principles of Forecasting: A Handbook for Researchers and Practitioners*, ed. J. Scott Armstrong (New York: Springer, 2001), 259–282; and John D. Sterman and Linda Booth Sweeney, "Managing Complex Dynamic Systems: Challenge and Opportunity for Naturalistic Decision-Making Theory," in *How Professionals Make Decisions*, ed. Henry Montgomery, Raanan Lipshitz, and Berndt Brehmer (Mahway, NJ: Lawrence Erlbaum Associates, 2005), 57–90.
10. Gary Loveman, "Diamonds in the Data Mine," *Harvard Business Review*, May 2003, 109–113.
11. Michael T. Belongia, "Predicting Interest Rates: A Comparison of Professional and Market-Based Forecasts," *Federal Reserve Bank of St. Louis*, March 1987, 9–15; and Deirdre N. McCloskey, *If You're So Smart: The Narrative of Economic Expertise* (Chicago: University of Chicago Press, 1990), 111–122.
12. Joe Nocera, "On Oil Supply, Opinions Aren't Scarce," *New York Times*, September 10, 2005.
13. Eric Bonabeau, "Don't Trust Your Gut," *Harvard Business Review*, May 2003, 116–123.
14. Michael J. Mauboussin, "What Good Are Experts?" *Harvard Business Review*, February 2008, 43–44; and Bruce G. Buchanan, Randall Davis, and Edward A. Feigenbaum, "Expert Systems: A Perspective from Computer Science" in *The Cambridge Handbook of Expertise and Expert Performance*, ed. K. Anders Ericsson, Neil Charness, Paul J. Feltovich, and Robert R. Hoffman (Cambridge: Cambridge University Press, 2006), 87–103.
15. Clive Thompson, "If You Liked This, You're Sure to Love That," *New York Times Magazine*, November 23, 2008. Jordan Ellenberg, "The Netflix Challenge: This Psychologist Might Outsmart the Math Brains Competing for the Netflix Prize," *Wired Magazine*, March 2008, 114–122.
16. Paul E. Meehl, *Clinical versus Statistical Prediction: A Theoretical Analysis and a Review of the Evidence* (Minneapolis: University of

注 释

Minnesota Press, 1954); Robyn M. Dawes, David Faust, and Paul E. Meehl, "Clinical versus Actuarial Judgment," in *Heuristics and Biases: The Psychology of Intuitive Judgment*, ed. Thomas Gilovich, Dale Griffin, and Daniel Kahneman (Cambridge: Cambridge University Press, 2002), 716–729; Reid Hastie and Robyn M. Dawes, *Rational Choice in an Uncertain World* (Thousand Oaks, CA: Sage Publications, 2001), 55–72; and William M. Grove, David H. Zald, Boyd S. Lebow, Beth E. Snitz, and Chad Nelson, "Clinical Versus Mechanical Prediction: A Meta-Analysis," *Psychological Assessment* 12, no. 1 (2000): 19–30.

17. Philip E. Tetlock, *Expert Political Judgment: How Good Is It? How Can We Know?* (Princeton, NJ: Princeton University Press, 2005), 54.
18. Scott E. Page, *The Difference: How the Power of Diversity Creates Better Groups, Firms, Schools, and Societies* (Princeton, NJ: Princeton University Press, 2007), 205–214. Crowds solve different types of problems. See Michael J. Mauboussin, "Explaining the Wisdom of Crowds: Applying the Logic of Diversity," *Mauboussin on Strategy*, March 20, 2007.
19. 在关于市场效率的经典论文中，杰克·特里诺（Jack Treynor）指出，平均猜测的准确性"来自大量独立犯错的投资者的错误观点。如果他们的错误是完全独立的，均衡价格的标准误差大约会随投资者人数的平方根下降"。我认为平方根定律，即均值的标准误差随着 N（观察次数）的平方根而减小，是对软糖（或者更广泛的群体智慧）问题的不恰当解释。平方根定律适用于抽样理论，其中有独立的观察结果，包括答案加上一个随机干扰。经过大量的观察，误差可以抵消掉。平方根定律背后的基本假设是，观察是独立的，并在平均值周围恒等分布。很多情况显然不是这样的。虽然多样性预测定理支持平方根定律，但并不需要它。我相信多样性预测定理是解释群体智慧的更有力方法。Jack L. Treynor, "Market Efficiency and the Bean Jar Experiment," *Financial Analysts Journal*, May–June 1987, 50–53.
20. J. Scott Armstrong, "Combining Forecasts," in *Principles of Forecasting: A Handbook for Researchers and Practitioners*, ed. J. Scott Armstrong (New York: Springer, 2001), 417–439.
21. Malcolm Gladwell, *Blink: The Power of Thinking Without Thinking* (New York: Little, Brown and Company, 2005); and Gary Klein,

Sources of Power: How People Make Decisions (Cambridge: MIT Press, 1998).

22. Daniel Kahneman, "Maps of Bounded Rationality: A Perspective on Intuitive Judgment and Choice," Nobel Prize Lecture, December 8, 2002, Stockholm, Sweden.

23. Michelene T. H. Chi, Robert Glaser, and Marshall Farr, eds., The Nature of Expertise (Hillsdale, NJ: Lawrence Erlbaum Associates, 1988), xvii–xx; Robin M. Hogarth, Educating Intuition (Chicago: University of Chicago Press, 2001); David G. Myers, Intuition: Its Powers and Perils (New Haven, CT: Yale University Press, 2002); Gerd Gigerenzer, Gut Feelings: The Intelligence of the Unconscious (New York: Viking, 2007); and Charles M. Abernathy and Robert M. Hamm, Surgical Intuition: What It Is and How to Get It (Philadelphia: Hanley & Belfus, 1995).

24. Geoff Colvin, Talent is Overrated: What Really Separates World-Class Performers from Everybody Else (New York: Portfolio 2008), 65–72.

25. Malcolm Gladwell, "Reinventing Invention," speech at The New Yorker Conference, May 8, 2008. See Malcolm Gladwell, "Most Likely to Succeed: How Do We Hire When We Can't Tell Who's Right for the Job?" The New Yorker, December 15, 2008, 36–42.

26. Frank E. Kuzmits and Arthur J. Adams, "The NFL Combine: Does It Predict Performance in the National Football League?" The Journal of Strength and Conditioning Research 22, no. 6 (2008): 1721–1727.

27. Duncan J. Watts, "A Simple Model of Global Cascades on Random Networks," Proceedings of the National Academy of Sciences 99, no. 9, April 30, 2002: 5766–5771; Duncan J. Watts, Six Degrees: The Science of a Connect Age (New York: W.W. Norton & Company, 2003); and Victor M. Eguiluz and Martin G. Zimmerman, "Transmission of Information and Herd Behavior: An Application to Financial Markets," Physical Review Letters 85, no. 26 (2000): 5659–5662.

28. Irving Janis, Groupthink: Psychological Studies of Policy Decisions and Fiascoes, 2nd ed. (Boston: Houghton Mifflin, 1982); and Cass R. Sunstein, Infotopia: How Many Minds Produce Knowledge (Oxford: Oxford University Press, 2006), 45–46.

29. Tetlock, Expert Political Judgment, 73–75.

30. Saul Hansell, "Google Answer to Filling Jobs Is an Algorithm," *New York Times*, January 3, 2007.

第4章 摆脱情境的控制，我们并没有自己想象中那么乐观

1. S. E. Asch, "Effects of Group Pressure Upon the Modification and Distortion of Judgments," in *Groups, Leadership and Men*, ed. Harold Guetzkow (Pittsburgh: Carnegie Press, 1951), 177–190.
2. Gregory S. Berns, Jonathan Chappelow, Caroline F. Zink, Giuseppe Pagnoni, Megan Martin-Skurski, and Jim Richards, "Neurobiological Correlates of Social Conformity and Independence During Mental Rotation," *Biological Psychiatry* 58 (22 June 2005): 245–253.
3. Sandra Blakeslee, "What Other People Say May Change What You See," *New York Times*, June 28, 2005.
4. Gregory Berns, *Iconoclast: A Neuroscientist Reveals How to Think Differently* (Boston: Harvard Business Press, 2008), 92–97.
5. "Conformity," *ABC Primetime Lab*, January 12, 2006.
6. Paul Slovic, Melissa Finucane, Ellen Peters, and Donald G. MacGregor, "The Affect Heuristic," in *Heuristics and Biases: The Psychology of Intuitive Judgment*, ed. Thomas Gilovich, Dale Griffin, and Daniel Kahneman (Cambridge: Cambridge University Press, 2002), 397–420.
7. David Berreby, *Us and Them: Understanding Your Tribal Mind* (New York: Little, Brown and Company, 2005).
8. Lee Ross, "The Intuitive Psychologist and His Shortcomings," in *Advances in Experimental Social Psychology*, ed. Leonard Berkowitz (New York: Academic Press, 1977), 173–220; and Thomas Gilovich, Dacher Keltner, and Richard E. Nisbett, *Social Psychology* (New York: W.W. Norton & Company, 2006), 360–369.
9. Richard E. Nisbett, *The Geography of Thought: How Asians and Westerners Think Differently . . . and Why* (New York: Free Press, 2003).
10. Michael W. Morris and Kaiping Peng, "Culture and Cause: American and Chinese Attributions for Social and Physical Events," *Journal of*

Personality and Social Psychology 67, no. 6 (1994): 949–971.

11. Adrian C. North, David J. Hargreaves, and Jennifer McKendrick, "In-store Music Affects Product Choice," *Nature* 390 (November 13, 2007): 13.
12. John A. Bargh, Mark Chen, and Laura Burrows, "Automaticity of Social Behavior: Direct Effects of Trait Construction and Stereotype Activation on Action," *Journal of Personality and Social Psychology* 71, no. 2, (1996): 230–244.
13. Ibid.
14. Rob W. Holland, Merel Hendriks, and Henk Aarts, "Smells Like Clean Spirit: Nonconscious Effects of Scent on Cognition and Behavior," *Psychological Science* 16, no. 9 (2005): 689–693.
15. Naomi Mandel and Eric J. Johnson, "When Web Pages Influence Choice: Effects of Visual Primes on Experts and Novices," *Journal of Consumer Research* 29, no. 2 (2002): 235–245.
16. Eric J. Johnson and Daniel Goldstein, "Do Defaults Save Lives？" *Science* 302 (November 21, 2003): 1338–1339.
17. Richard H. Thaler and Cass R. Sunstein, *Nudge*: *Improving Decisions About Health, Wealth, and Happiness* (New Haven, CT: Yale University Press, 2008); Daniel G. Goldstein, Eric J. Johnson, Andreas Herrmann, and Mark Heitmann, "Nudge Your Customers Toward Better Choices," *Harvard Business Review*, December 2008, 99–105; and Dan Ariely, *Predictably Irrational*: *The Hidden Forces That Shape Our Decisions* (New York: Harper, 2008), 1–6.
18. George F. Loewenstein, Elke U. Weber, Christopher K. Hsee, and Ned Welch, "Risk as Feelings," *Psychological Bulletin* 127, no. 2 (2001): 267–286.
19. R. B. Zajonc, ed., *The Selected Works of R. B. Zajonc* (New York: John Wiley & Sons, 2004), 256.
20. 例如，在股市获得良好回报之后，投资者希望继续获得巨额回报。Donald G. MacGregor, "Imagery and Financial Judgment," *The Journal of Psychology and Financial Markets* 3, no. 1 (2002): 15–22.
21. Slovic et al., "The Affect Heuristic," 408.
22. Stanley Milgram, *Obedience to Authority* (New York: Harper & Row, 1974), 6.

23. Jerry M. Burger, "Replicating Milgram: Would People Still Obey Today？"*American Psychologist* 64, no. 1 (2009): 1–11.
24. Philip Zimbardo, *The Lucifer Effect: Understanding How Good People Turn Evil* (New York: Random House, 2007).
25. Ibid., 210–221.
26. Peter F. Drucker, *Management Challenges for the 21st Century* (New York: HarperBusiness, 1999), 74.
27. David Leonhardt, "Why Doctors So Often Get It Wrong," *New York Times*, February 22, 2006.
28. Atul Gawande, "The Checklist," *The New Yorker*, December 10, 2007, 86–95; Atul Gawande, "A Lifesaving Checklist," *New York Times*, December 30, 2007; and Peter Pronovost, "Testimony before Government Oversight Committee," April 16, 2008.
29. Bargh, Chen, and Burrows, "Automaticity of Social Behavior," 241.
30. Zimbardo, *The Lucifer Effect*, 451–456.
31. Warren E. Buffett, "Chairman's Letter," *Berkshire Hathaway Annual Report to Shareholders*, 1989.
32. Michiyo Nakamoto and David Wighton, "Citigroup Chief Stays Bullish on Buy-Outs," *Financial Times*, July 9, 2007.

第5章 正确理解复杂系统，部分之和并不能代表整体

1. 引用彼得·米勒（Peter Miller）作品中生物学家德博拉·戈登的话："The Genius of Swarms," *National Geographic*, July 2007, 126–147. See also Herbert A. Simon, *The Sciences of the Artificial*, 3rd ed. (Cambridge: MIT Press, 1996), 51–54。
2. Thomas D. Seeley, P. Kirk Visscher, and Kevin M. Passino, "Group Decision Making in Honey Bee Swarms," *American Scientist* 94, no. 3 (2006): 220–229.
3. 关于更主流的讨论，参见：Eric Bonabeau and Guy Théraulaz, "Swarm Smarts," *Scientific American*, March 2000, 82–90. See also Eric Bonabeau, Marco Dorigo, and Guy Théraulaz, *Swarm Intelligence: From Natural to Artificial Systems* (New York: Oxford University Press, 1999); Thomas D. Seeley, *The Wisdom of the Hive* (Cam-

bridge: Harvard University Press, 1995); and Steven Johnson, *Emergence: The Connected Lives of Ants, Brains, Cities, and Software* (New York: Scribner, 2001).

4. Thomas D. Seeley and P. Kirk Visscher, "Sensory Coding of Nest-site Value in Honeybee Swarms," *The Journal of Experimental Biology* 211, no. 23(2008): 3691–3697.

5. See John H. Holland, *Hidden Order: How Adaptation Builds Complexity* (Reading, MA: Helix Books, 1995); Murray Gell-Mann, *The Quark and the Jaguar: Adventures in the Simple and the Complex* (New York: W.H. Freeman, 1994); and John H. Miller and Scott E. Page, *Complex Adaptive Systems: An Introduction to Computational Models of Social Life* (Princeton, NJ: Princeton University Press, 2007).

6. P. W. Anderson, "More is Different," *Science* 177, no. 4047 (1972): 393–396. See also Herbert A. Simon, "The Architecture of Complexity," *Proceedings of the American Philosophical Society* 106, no. 6 (1962): 467–482; and Thomas C.Schelling, *Micromotives and Macrobehavior* (New York: W.W. Norton & Company,1978).

7. Lewis Wolpert, *Six Impossible Things Before Breakfast: The Evolutionary Origins of Belief* (New York: W.W. Norton, 2007). See also Gilles Fauconnier and Mark Turner, *The Way We Think: Conceptual Blending and the Mind's Hidden Complexities* (New York: Basic Books, 2002), 75–87.

8. Joseph LeDoux, *The Emotional Brain: The Mysterious Underpinnings of Emotional Life* (New York: Touchstone, 1996), 32–33. See also David M. Cutler,James M. Poterba, and Lawrence H. Summers, "What Moves Stock Prices？" *The Journal of Portfolio Management*, Spring 1989, 4–12.

9. Shyam Sunder, "Relationship Between Accounting Changes and Stock Prices: Problems of Measurement and Some Empirical Evidence," *Journal of Accounting Research: Empirical Research in Accounting: Selected Studies* 1973 11(1973): 1–45.

10. Vernon L. Smith, *Rationality in Economics: Constructivist and Ecological Forms* (Cambridge: Cambridge University Press, 2008). See also Charles R. Plott and Vernon L. Smith, eds., *Handbook of Exper-*

注 释

imental Economics Results: Volume 1 (Amsterdam: North-Holland, 2008).

11. John R. Graham, Campbell R. Harvey, and Shiva Rajgopal, "Value Destruction and Financial Reporting Decisions," *Financial Analysts Journal* 62, no. 6 (2006): 27–39.

12. 这是一个源自可得性启发式的偏差。Max H. Bazerman, *Judgment in Managerial Decision Making*, 6th ed. (New York: John Wiley & Sons, 2006), 18–21.

13. Alston Chase, *Playing God in Yellowstone: The Destruction of America's First National Park* (Boston: The Atlantic Monthly Press, 1986). See also Douglas W. Smith and Gary Ferguson, *Decade of the Wolf: Returning the Wild to Yellowstone* (Guilford, CT: The Lyons Press, 2005).

14. Chase, *Playing God in Yellowstone*, 44.

15. Robert K. Merton, "The Unanticipated Consequences of Purposive Social Action," *American Sociological Review* 1, no. 6 (1936): 894–904.

16. James Surowiecki, "Did Lehman Brothers' Failure Matter?" Steve Stecklow and Diya Gullapalli, "A Money-Fund Manager's Fateful Shift," *Wall Street Journal, December* 8, 2008.

17. Michael E. Kerr and Murray Bowen, *Family Evaluation: The Role of the Family as an Emotional Unit that Governs Individual Behavior and Development* (New York: W.W. Norton & Company, 1988).

18. A. Bruce Steinwald, "Primary Care Professionals: Recent Supply Trends, Projections, and Valuation of Services," *Testimony Before the Committee on Health Education, Labor, and Pensions, U.S. Senate*, February 12, 2008.

19. Boris Groysberg, Ashish Nanda, and Nitin Nohria, "The Risky Business of Hiring Stars," *Harvard Business Review*, May 2004, 92–100; and Ulrike Malmendier and Geoffrey Tate, "Superstar CEOs," working paper no. 14140, NBER, June 2008.

20. Groysberg, Nanda, and Nohria, "The Risky Business of Hiring Stars"; and Boris Groysberg, Lex Sant, and Robin Abrams, "How to Minimize the Risks of Hiring Outside Stars," *Wall Street Journal*, September 22, 2008.

21. Geoffrey B. West and James H. Brown, "Life's Universal Scaling Laws," *Physics Today*, September 2004, 36–42.
22. Charles Perrow, *Normal Accidents: Living with High-Risk Technologies* (Princeton, NJ: Princeton University Press, 1999). See also Richard Bookstaber, *A Demon of Our Own Design: Markets, Hedge Funds, and the Perils of Financial Innovation* (New York: John Wiley & Sons, 2007); and Laurence Gonzales, *Deep Survival: Who Lives, Who Dies, and Why* (New York: W.W. Norton, 2003), 93–109.
23. John D. Sterman, *Business Dynamics: Systems Thinking and Modeling for a Complex World* (Boston: Irwin McGraw-Hill, 2000).
24. John D. Sterman, "Teaching Takes Off: Flight Simulations for Management Education," http://web.mit.edu/jsterman/www/SDG/beergame.html.
25. Jay W. Forrester, "Counterintuitive Behavior of Social Systems," *Testimony Before the Subcommittee on Urban Growth of the Committee on Banking and Currency, U.S. House of Representatives*, October 7, 1970.
26. Dhananjay K. Gode and Shyam Sunder, "Allocative Efficiency of Markets with Zero Intelligence Traders: Market as a Partial Substitute for Individual Rationality," *The Journal of Political Economy* 101, no. 1 (1993): 119–137.

第6章 视情况而定，正确应对环境

1. Frank J. Sulloway, *Born to Rebel: Birth Order, Family Dynamics, and Creative Lives* (New York: Pantheon, 1996).
2. Rex Dalton, "Quarrel Over Book Leads to Call For Misconduct Inquiry," Nature 431 (October 21, 2004): 889; Judith Rich Harris, *The Nurture Assumption: Why Children Turn Out the Way They Do* (New York: Free Press, 1998), 365–378; Frederic Townsend, "Birth Order and Rebelliousness: Reconstructing the Research in *Born to Rebel*," *Politics and the Life Sciences* 19, no. 2 (2000): 135–156; Steven Pinker, The Blank Slate: *The Modern Denial of Human Nature* (New York: Viking, 2002), 389–390; and Judith Rich Harris,

No Two Alike: Human Nature and Human Individuality (New York: W.W. Norton & Company, 2006), 83–114.

3. John Horgan, *The Undiscovered Mind: How the Human Brain Defies Replication, Medication, and Explanation* (New York: Free Press, 1999), 192.

4. Susan Goldsmith, "Frank's War," *East Bay Express*, April 28, 2004.

5. Philip Zimbardo, *The Lucifer Effect: Understanding How Good People Turn Evil* (New York: Random House, 2007); Cécile Ernst and Jules Angst, *Birth Order: Its Influence on Personality* (Berlin: Springer-Verlag, 1983), 284; and Jeremy Freese, Brian Powell, and Lala Carr Steelman, "Rebel Without a Cause or Effect: Birth Order and Social Attitudes," *American Sociological Review* 64, no. 2 (1999): 207–231.

6. Paul R. Carlile and Clayton M. Christensen, "The Cycles of Theory Building in Management Research," Harvard Business School Working Paper Series, no. 05–057, 2005; and Barney G. Glaser and Anselm L. Strauss, *The Discovery of Grounded Theory: Strategies for Qualitative Research* (New Brunswick, NJ: Aldine, 1967).

7. Dominic Gates, "Boeing May Junk Worldwide Assembly for Next Jet," *Seattle Times*, November 1, 2007; James Wallace, "Boeing Executive Faults Some 787 Suppliers," *Seattle Post-Intelligencer*, November 1, 2007; J. Lynn Lunsford, "Boeing Scramble to Repair Problems With New Plane," *Wall Street Journal*, December 7, 2007; and J. Lynn Lunsford, "Outsourcing at Crux of Boeing Strike," *Wall Street Journal*, September 8, 2008.

8. Clayton M. Christensen, Matt Verlinden, and George Westerman, "Disruption, Disintegration and the Dissipation of Differentiability," *Industrial and Corporate Change* 11, no. 5 (2002): 955–993; and Carliss Y. Baldwin and Kim B. Clark, *Design Rules: The Power of Modularity* (Cambridge: MIT Press, 2000).

9. 有关兵力分配博弈的正式讨论，参见: Brian Roberson, "The Colonel Blotto Game," *Economic Theory* 29, no. 1 (2006): 1–24; Scott E. Page, *The Difference: How the Power of Diversity Creates Better Groups, Firms, Schools, and Societies* (Princeton, NJ: Princeton University Press, 2007), 112–114; Jeffrey Kluger, *Simplexity: Why Simple*

Things Become Complex (and *How Complex Things Can Be Made Simple*)(New York: Hyperion, 2008), 183-185。

10. Russell Golman and Scott E. Page, "General Blotto: Games of Allocative Strategic Mismatch," *Public Choice*, 138, no. 3 (2009): 279-299.

11. 对于这个例子，我选择 Xa/Xb 的比值为 0.13。利用罗伯逊的定理 3，在兵力分配博弈中，当 n = 9 时，期望收益是 2.5%。利用定理 2，n = 15 时的期望收益是 6.7%。

12. Eli Ben-Naim, Federico Vazquez, and Sidney Redner, "Parity and Predictability of Competitions," *Journal of Quantitative Analysis in Sports* 2, no.4 (2006): 1-12.

13. 1990 年，乔纳森·帕廷顿（Jonathan Partington）教授主持了一场 10 战 100 分的锦标赛。他发现这些策略具有高度的非传递性。在 100 多份参赛作品中，保罗·泰勒（Paul Taylor）胜出。他的策略是 (17, 3, 17, 3, 17, 3, 17, 3, 17, 3)。

14. Page, *The Difference*, 113.

15. David J. Leinweber, "Stupid Data Miner Tricks: Overfitting the S&P 500," *The Journal of Investing*, 16, no. 1 (2007): 15-22; and Phil Rosenzweig, *The Halo Effect . . . and the Eight Other Business Delusions That Deceive Managers* (New York: Free Press, 2007), 72-75.

16. Judea Pearl, *Causality: Models, Reasoning, and Inference* (Cambridge: Cambridge University Press, 2000); Stephen L. Morgan and Christopher Winship, eds., *Counterfactuals and Causal Inference: Methods and Principles for Social Research* (Cambridge: Cambridge University Press, 2007); and Paul R. Rosenbaum, *Observational Studies*, 2nd ed. (New York: Springer, 2002).

17. David A. Kenny, *Correlation and Causality* (New York: John Wiley & Sons,1979); and B. Shannon, J. Peacock, and M. J. Brown, "Body fatness, television viewing and calorie-intake of a sample of Pennsylvania sixth grade children," *Journal of Nutrition Education* 23, no. 6 (1991): 262-268.

18. Jared Diamond, *Collapse: How Societies Choose to Fail or Succeed* (New York: Viking, 2005), 211-276.

19. Clayton M. Christensen, *The Innovator's Dilemma: When New*

Technologies Cause Great Companies to Fail (Boston: Harvard Business School Press, 1997); and author's personal correspondence with Thomas Thurston.
20. Eric D. Beinhocker, *The Origin of Wealth: Evolution, Complexity, and the Radical Remaking of Economics* (Boston: Harvard Business School Press, 2006); and Kathleen M. Eisenhardt and Donald N. Sull, "Strategy as Simple Rules," *Harvard Business Review*, January 2001, 107–116.
21. David Halberstam, *The Education of a Coach* (New York: Hyperion, 2005), 46–51.

第 7 章 洞察临界点，更好地应对相变

1. See Steven Strogatz, *Sync: The Emerging Science of Spontaneous Order* (New York: Hyperion, 2003), 171–176. See also Nonie Niesewand, "Will Norman Foster and Anthony Caro Cross the Thames in a Blade of Light？" *The Independent*, September 25, 1997.
2. Pat Dallard, Tony Fitzpatrick, Anthony Flint, Angus Low, Roger Ridsdill Smith, Michael Willford, and Mark Roche, "London Millennium Bridge: Pedestrian-Induced Lateral Vibration," *Journal of Bridge Engineering* 6, no. 6(2001): 412–417; and Deyan Sudjic, *Blade of Light: The Story of London's Millennium Bridge* (London: Penguin Books, 2001).
3. Andy Beckett, "Shaken Not Sturdy," *The Guardian*, July 18, 2000.
4. Philip Ball, *Critical Mass: How One Thing Leads to Another* (New York: Farrar, Straus and Giroux, 2004), 80–97. 菲利普·鲍尔从库尔特·冯内古特的 *Cat's Cradle* 一书中了解到了"临界点"这个词。也可参见：Malcolm Gladwell, *The Tipping Point: How Little Things Can Make a Big Difference* (New York: Little, Brown and Company, 2000)。
5. Per Bak, *How Nature Works: The Science of Self-Organized Criticality* (New York: Springer-Verlag, 1996); and John H. Holland, *Hidden Order: How Adaption Builds Complexity* (Reading, MA: Addison-Wesley, 1995), 39–40.
6. Steven H. Strogatz, Daniel M. Abrams, Allan McRobie, Bruno

Eckhardt, and Edward Ott, "Crowd Synchrony on the Millennium Bridge," *Nature* 483 (November 3, 2005): 43–44.

7. Neal J. Roese and James M. Olsen, eds., *What Might Have Been: The Social Psychology of Counterfactual Thinking* (Mahwah, NJ: Lawrence Erlbaum Associates, 1994).

8. M. E. J. Newman, "Power Laws, Pareto Distributions and Zipf's Law," *arXiv: condmat*, May 29, 2006; Chris Anderson, *The Long Tail: Why the Future of Business is Selling Less of More* (New York: Hyperion, 2006); and Arthur DeVany, *Hollywood Economics: How Extreme Uncertainty Shapes the Film Industry* (New York: Routledge, 2004).

9. Nassim Nicholas Taleb, *The Black Swan: The Impact of the Highly Improbable* (New York: Random House, 2007), xvii–xviii.

10. James Surowiecki, *The Wisdom of Crowds: Why the Many Are Smarter Than the Few and How Collective Wisdom Shapes Business, Economies, Societies, and Nations* (New York: Doubleday and Company, 2004).

11. Blake LeBaron, "Financial Market Efficiency in a Coevolutionary Environment," *Proceedings of the Workshop on Simulation of Social Agents: Architectures and Institutions, Argonne National Laboratory and University of Chicago*, October 2000, Argonne 2001, 33–51; Paul Ehrlich and Brian Walker, "Rivets and Redundancy," *BioScience* 48, no. 5 (1998): 387; Robert M. May, *Complexity and Stability in Model Ecosystems* (Princeton, NJ: Princeton University Press, 1974); and Robert M. May, Simon A. Levin, and George Sugihara, "Ecology for Bankers," *Nature* 451 (February 21, 2008): 893–895.

12. Bertrand Russell, *The Problems of Philosophy* (Oxford: Oxford University Press, 1959); Taleb, *The Black Swan*, 40–41; and Hyman P. Minsky, *Stabilizing an Unstable Economy* (New Haven, CT: Yale University Press, 1986). 有关投资者如何进行推断的例子，参见: Hersh Shefrin, *Behavioral Corporate Finance: Decisions That Create Value* (New York: McGraw Hill, 2007), 66–68。

13. Francesco Guerrera, "Merrill Losses Wipe Away Longtime Profits," *Financial Times*, August 28, 2008.

14. Karl Duncker, "On Problem Solving," *Psychological Monographs*

注 释

58, no.270 (1945); Paul J. Feltovich, Rand J. Spiro, and Richard L. Coulsen, "Issues of Expert Flexibility in Contexts Characterized by Complexity and Change," in *Expertise in Context: Human and Machine*, ed. Paul J. Feltovich, Kenneth M. Ford, and Robert R. Hoffman (Menlo Park, CA, and Cambridge, MA: AAAI Press and MIT Press, 1997), 125-146. 塔勒布在《黑天鹅》一书中讨论了一个类似的概念，他称之为戏局谬误 (ludic fallacy)。

15. Donald MacKenzie, *An Engine, Not a Camera: How Financial Models Shape Markets* (Cambridge: MIT Press, 2006).

16. Benoit Mandelbrot, "The Variation of Certain Speculative Prices," in *The Random Character of Stock Market Prices*, ed. Paul H. Cootner, (Cambridge: MIT Press, 1964), 369-412. 这也是塔勒布的《黑天鹅》一书的核心主题。也可参见: Benoit Mandelbrot and Richard L. Hudson, *The (Mis) Behavior of Markets* (New York: Basic Books, 2004)。

17. Paul H. Cootner, "Comments on The Variation of Certain Speculative Prices," in Cootner, *The Random Character of Stock Market Prices*, 413-418.

18. Philip Mirowski, *The Effortless Economy of Science*? (Durham, NC: Duke University Press, 2004), 232.

19. Felix Salmon, "Recipe for Disaster: The Formula That Killed Wall Street," *Wired Magazine*, March 2009, 74-79, 112.; and MacKenzie, *An Engine, Not a Camera*, 223 and 233.

20. Stephen Jay Gould, *Wonderful Life: The Burgess Shale and the Nature of History* (New York: W.W. Norton & Company, 1989), 292-323.

21. Matthew J. Salganik, Peter Sheridan Dodds, and Duncan J. Watts, "Experimental Study of Inequality and Unpredictability in an Artificial Cultural Market," Science 311 (February 10, 2006): 854-856. 关于大众媒体的讨论，参见: Duncan J. Watts, "Is Justin Timberlake a Product of Cumulative Advantage？" *New York Times Magazine*, April 15, 2007。

22. Paul Pierson, *Politics in Time: History, Institutions, and Social Analysis* (Princeton, NJ: Princeton University Press, 2004); and W. Brian Arthur, *Increasing Returns and Path Dependence in the*

Economy (Ann Arbor, MI: University of Michigan Press, 1994).

23. Scott E. Page, "Path Dependence," *Quarterly Journal of Political Science* 1, no. 1 (2006): 87–115.
24. Arthur, *Increasing Returns and Path Dependence in the Economy*; Gladwell, *The Tipping Point*; and Richard Brodie, *Virus of the Mind: The New Science of the Meme* (Seattle, WA: Integral Press, 1996).
25. 关于股票市场，参见：Didier Sornette, *Why Stock Markets Crash: Critical Events in Complex Financial Systems* (Princeton, NJ: Princeton University Press, 2003)。关于电力网络，参见：Jie Chen, James S. Thorp, and Ian Dobson, "Cascading Dynamics and Mitigation Assessment in Power System Disturbances Via a Hidden Failure Model," *Electrical Power and Energy Systems* 27 (2005): 318–326。
26. Shankar Vedantam, "Vote Your Conscience. If You Can." *Washington Post*, December 31, 2007, A3.
27. Edward O. Thorp, *The Mathematics of Gambling* (Hollywood, CA: Gambling Times, 1984); J. L. Kelly Jr., "A New Interpretation of Information Rate," *Bell System Technical Journal*, 1956, 917–926; and William Poundstone, *Fortune's Formula: The Untold Story of the Unscientific Betting System that Beat The Casinos and Wall Street* (New York: Hill and Wang, 2005).
28. Michael Lewis, "The Natural-Catastrophe Casino," *New York Times Magazine*, August 26, 2007.
29. Jason Zweig, "Peter Bernstein Interview: He May Know More About Investing than Anyone Alive," *Money Magazine*, November, 2004, 143–148.

第8章　均值回归，运气与实力同样重要

1. Tyler Kepner, "With Only 150 Games to Go, Steinbrenner Checks In," *New York Times*, April 18, 2005.
2. Stephen M. Stigler, *Statistics on the Table: The History of Statistical Concepts and Methods* (Cambridge: Harvard University Press, 1999), 173–188.
3. Michael Bulmer, *Francis Galton: Pioneer of Heredity and Biometry*

注 释

(Baltimore, MD: John Hopkins University Press, 2003), 212–215.

4. Francis Galton, "Regression towards Mediocrity in Hereditary Stature," *Journal of the Anthropological Institute* 15 (1886): 252; Francis Galton, *Natural Inheritance* (London: MacMillan, 1889); and Peter L. Bernstein, *Against the Gods: The Remarkable Story of Risk* (New York: John Wiley & Sons, 1996), 152–171.

5. For an excellent account of Galton's work, see Stephen M. Stigler, *The History of Statistics: The Measurement of Uncertainty before 1990* (Cambridge: Harvard University Press, 1986), 265–299.

6. Stigler, *Statistics on the Table*.

7. Amit Goyal and Sunil Wahal, "The Selection and Termination of Investment Management Firms by Plan Sponsors," *The Journal of Finance* 63, no. 4 (2008): 1805–1847.

8. Michael Mauboussin, "Where Fools Rush In," *Time*, November 4, 2006, A44.

9. Michael J. Mauboussin, "Common Errors in DCF Models," *Mauboussin on Strategy*, March 23, 2006.

10. Horace Secrist, *The Triumph of Mediocrity in Business* (Evanston, IL: Bureau of Business Research, Northwestern University, 1933). 这项讨论中提到的信息出自斯蒂芬·施蒂格勒的作品 *Statistics on the Table*。

11. 在某些情况下，公司可能会在一段时间内享受到不断增长的回报。W. Brian Arthur, "Increasing Returns and the New World of Business," *Harvard Business Review*, July–August 1996, 101–109; Carl Shapiro and Hal Varian, *Information Rules: A Strategic Guide to the Network Economy* (Boston: Harvard Business School Press, 1998).

12. Harold Hotelling, "Reviewed work: *The Triumph of Mediocrity in Business* by Horace Secrist," *Journal of the American Statistical Association* 28, no. 184(1933): 463–465.

13. Stephen M. Stigler, "Milton Friedman and Statistics," in *The Collected Writings of Milton Friedman*, ed. Robert Leeson (New York: Routledge, forthcoming).

14. Jason Zweig, "Do You Sabotage Yourself？ Daniel Kahneman Has Done More Than Anyone Else to Explain Why Most of Us Make So Many Mistakes as Investors—And What We Can Do About It," *Money*, May 1, 2001, 74–78. See also Thomas Gilovich, *How We*

Know What Isn't So: The Fallibility of Human Reason in Everyday Life (New York: Free Press, 1991), 27–28.

15. Edward L. Thorndike, "A Constant Error in Psychological Ratings," *Journal of Applied Psychology* 4, no.1 (1920): 469–477.
16. Phil Rosenzweig, *The Halo Effect . . . and the Eight Other Business Delusions That Deceive Managers* (New York: Free Press, 2007).
17. Phil Rosenzweig "The Halo Effect and Other Managerial Delusions," *The McKinsey Quarterly*, February 2007, 77–85.
18. Dan Bilefsky and Anita Raghavan, "Blown Fuse: How 'Europe's GE' and Its Star CEO Tumbled to Earth," *Wall Street Journal*, January 23, 2003.
19. Richard Tomlinson and Paola Hjelt, "Dethroning Percy Barnevik," *Fortune International*, April 1, 2002, 38–41.
20. Tom Arnold, John H. Earl Jr., and David S. North, "Are Cover Stories Effective Contrarian Indicators?" *Financial Analysts Journal* 63, no. 2 (2007): 70–75. See also Alexander Wolff, "SI Flashback: That Old Black Magic," *Sports Illustrated*, January 21, 2002.
21. Ray Murphy and Rod Truesdell, eds., *Ron Shandler's Baseball Forecaster* 2008 (Roanoke, VA: Shandler Enterprises, 2007), 10–12.
22. Annie Duke, "Testimony before the House Committee on the Judiciary," November 14, 2007.
23. Amos Tversky and Daniel Kahneman, "Belief in the Law of Small Numbers," *Psychological Bulletin* 76, no. 2 (1971): 105–110.
24. Michael Lewis, *Moneyball: The Art of Winning an Unfair Game* (New York: W.W. Norton & Company, 2003), 274. See also Nassim Nicholas Taleb, *Fooled by Randomness: The Hidden Role of Chance in Life and in the Markets*, 2nd ed. (New York: Thomson Texere, 2004), 64–68.
25. Michael Bar-Eli, Simcha Avugos, and Markus Raab, "Twenty Years of 'Hot Hand' Research: Review and Critique," *Psychology of Sport and Exercise* 7, no. 6 (2006): 525–553.
26. Jerker Denrell, "Why Most People Disapprove of Me: Experience Sampling in Impression Formation," *Psychological Review* 112, no. 4 (2005): 951–978.
27. Stephen Jay Gould, *Full House: The Spread of Excellence from*

Plato to Darwin (New York: Harmony Books, 1996), 109.

结论 反直觉思考：做出正确决策的 7 个行动建议

1. John Allen Paulos, *A Mathematician Reads the Newspaper* (New York: Basic Books, 1995).
2. Philip Maymin, "Music and the Market: Song and Stock Market Volatility," Working paper, SSRN, November 4, 2008.
3. Avinash K. Dixit and Barry J. Nalebuff, *The Art of Strategy: A Game Theorist's Guide to Success in Business and Life* (New York: W.W. Norton & Company, 2008).
4. Tadeusz Tyszka and Piotr Zielonka, "Expert Judgments: Financial Analysts Versus Weather Forecasters," *The Journal of Psychology and Financial Markets* 3, no. 3 (2002): 152–160.
5. Philip E. Tetlock, Expert Political Judgment: *How Good Is It ? How Can We Know ?* (Princeton, NJ: Princeton University Press, 2005), 129–143.
6. Josh Waitzkin, *The Art of Learning: A Journey in the Pursuit of Excellence* (New York: Free Press, 2007), 212–213.
7. Atul A. Gawande, MD, et al., "A Surgical Checklist to Reduce Morbidity and Mortality in a Global Population," *New England Journal of Medicine* 360, no. 5 (20009): 491–499. See also Peter Bevelin, *Seeking Wisdom: From Darwin to Munger*, 3rd ed. (Malmö, Sweden: Post Scriptum AB, 2007), 287–296.
8. Gary Klein, "Performing a Project Premortem," *Harvard Business Review*, September 2007, 18–19; and Deborah J. Mitchell, J. Edward Russo, and Nancy Pennington, "Back to the Future: Temporal Perspective in the Explanation of Events," *Journal of Behavioral Decision Making* 2, no. 1 (1989): 25–38.
9. Warren E. Buffett, "Chairman's Letter," *Berkshire Hathaway Annual Report to Shareholders*, 1996.

THINK TWICE
Harnessing the Power of Counterintuition

参考文献

Abernathy, Charles M., and Robert M. Hamm. *Surgical Intuition: What It Is and How to Get It.* Philadelphia, PA: Hanley & Belfus, 1995.

Akerlof, George A., and Robert J. Shiller. *Animal Spirits: How Human Psychology Drives the Economy, and Why It Matters For Global Capitalism.* Princeton, NJ: Princeton University Press, 2009.

Alicke, Mark D., and Olesya Govorun. "The Better-Than-Average Effect." In *The Self in Social Judgment*, edited by Mark D. Alicke, David A. Dunning, and Joachim I. Krueger, 85–106. New York: Psychology Press, 2005.

Anderson, Camilla. "Iceland Gets Help to Recover from Historic Crisis." *IMF Survey Online*, December 2, 2008.

Anderson, Chris. *The Long Tail: Why the Future of Business Is Selling Less of More.* New York: Hyperion, 2006.

Anderson, P. W. "More is Different." *Science* 177, no. 4047 (1972): 393–396.

Ariely, Dan. *Predictably Irrational: The Hidden Forces That Shape Our Decisions.* New York: Harper, 2008.

Armstrong, J. Scott. "Combining Forecasts." In *Principles of Forecasting: A Handbook for Researchers and Practitioners*, edited by J. Scott Armstrong, 417–439. New York: Springer, 2001.

Armstrong, J. Scott, Monica Adya, and Fred Collopy. "Rule-Based Forecasting: Using Judgment in Time-Series

参考文献

Extrapolation." In *Principles of Forecasting: A Handbook for Researchers and Practitioners*, edited by J. Scott Armstrong, 259–282. New York: Springer, 2001.

Arnold, Tom, John H. Earl Jr., and David S. North. "Are Cover Stories Effective Contrarian Indicators?" *Financial Analysts Journal* 63, no. 2 (2007): 70–75.

Arrow, Kenneth J., Robert Forsythe, Michael Gorham, Robert Hahn, Robin Hansen, John O. Ledyard, Saul Levmore, Robert Litan, Paul Milgrom, Forrest D. Nelson, George R. Neumann, Marco Ottaviani, Thomas C. Schelling, Robert J. Shiller, Vernon L. Smith, Erik Snowberg, Cass R. Sunstein, Paul C. Tetlock, Philip E. Tetlock, Hal R. Varian, Justin Wolfers, and Eric Zitzewitz. "The Promise of Prediction Markets." *Science* 320 (May 16, 2008): 877–878.

Arthur, W. Brian. *Increasing Returns and Path Dependence in the Economy*. Ann Arbor, MI: University of Michigan Press, 1994.

_____. "Increasing Returns and the New World of Business." *Harvard Business Review*, July–August 1996, 101–109.

Asch, S. E. "Effects of Group Pressure Upon the Modification and Distortion of Judgments." In *Groups, Leadership and Men*, edited by Harold Guetzkow, 177–190. Pittsburgh, PA: Carnegie Press, 1951.

Ashenfelter, Orley. "Predicting the Quality and Prices of Bordeaux Wines." Working paper no. 4, American Association of Wine Economists, April 2007.

Ashton, John F. *In Six Days: Why Fifty Scientists Choose to Believe in Creation*. Green Forest, AR: Master Books, 2001.

Ayres, Ian. *Super Crunchers: Why Thinking-by-Numbers Is the New Way to be Smart*. New York: Bantam Books, 2007.

Bak, Per. *How Nature Works: The Science of Self-Organized Criticality*. New York: Springer-Verlag, 1996.

Baldwin, Carliss Y., and Kim B. Clark. *Design Rules: The Power of Modularity*. Cambridge: MIT Press, 2000.

Ball, Philip. *Critical Mass: How One Thing Leads to Another*. New York: Farrar, Straus and Giroux, 2004.

Bar-Eli, Michael, Simcha Avugos, Markus Raab. "Twenty Years of 'Hot Hand' Research: Review and Critique." *Psychology of*

Sport and Exercise 7, no. 6 (2006): 525–553.

Bargh, John A., Mark Chen, and Laura Burrows. "Automaticity of Social Behavior: Direct Effects of Trait Construction and Stereotype Activation on Action," *Journal of Personality and Social Psychology* 71, no. 2 (1996): 230–244.

Barras, Laurent, O. Scaillet, and Russ R. Wermers. "False Discoveries in Mutual Fund Performance: Measuring Luck in Estimated Alphas," Robert H. Smith School Research paper RH 06-043, Swiss Finance Institute Research paper 08-18, September 1, 2008.

Bazerman, Max H. *Judgment in Managerial Decision Making*. 6th ed. New York: John Wiley & Sons, 2006.

Bazerman, Max H., and Michael D. Watkins. *Predictable Surprises: The Disasters You Should Have Seen Coming and How to Prevent Them*. Boston: Harvard Business School Press, 2004.

Bazerman, Max H., George Loewenstein, and Don A. Moore. "Why Good Accountants Do Bad Audits." *Harvard Business Review*, November 2002, 97–102.

Beckett, Andy. "Shaken Not Sturdy." *The Guardian*, July 18, 2000.

Beinhocker, Eric D. *The Origin of Wealth: Evolution, Complexity, and the Radical Remaking of Economics*. Boston: Harvard Business School Press, 2006.

Belongia, Michael T. "Predicting Interest Rates: A Comparison of Professional and Market-Based Forecasts." *Federal Reserve Bank of St. Louis*, March 1987, 9–15.

Ben-Naim, Eli, Federico Vazquez, and Sidney Redner. "Parity and Predictability of Competitions." *Journal of Quantitative Analysis in Sports* 2, no. 4 (2006): 1–12.

Berreby, David. *Us and Them: Understanding Your Tribal Mind*. New York: Little, Brown and Company, 2005.

Berns, Gregory. *Iconoclast: A Neuroscientist Reveals How to Think Differently*. Boston: Harvard Business Press, 2008.

Berns, Gregory S., Jonathan Chappelow, Caroline F. Zink, Giuseppe Pagnoni, Megan Martin-Skurski, and Jim Richards. "Neurobiological Correlates of Social Conformity and

参考文献

Independence During Mental Rotation," *Biological Psychiatry* 5, no. 8 (2005): 245–253.

Bernstein, Peter L. *Against the Gods: The Remarkable Story of Risk*. New York: John Wiley & Sons, 1996.

Bevelin, Peter. *Seeking Wisdom: From Darwin to Munger*. 3rd ed. Malmö, Sweden: Post Scriptum AB, 2007.

Blakeslee, Sandra. "What Other People Say May Change What You See." *New York Times*, June 28, 2005.

Bloch, Arthur. *Murphy's Law: The 26th Anniversary Edition*. New York: Perigee Trade, 2003.

Bonabeau, Eric. "Don't Trust Your Gut." *Harvard Business Review*, May 2003, 116–123.

Bonabeau, Eric, Marco Dorigo, and Guy Théraulaz. *Swarm Intelligence: From Natural to Artificial Systems*. New York: Oxford University Press, 1999.

Bonabeau, Eric, and Guy Théraulaz. "Swarm Smarts." *Scientific American*, March 2000, 82–90.

Bookstaber, Richard. *A Demon of Our Own Design: Markets, Hedge Funds, and the Perils of Financial Innovation*. New York: John Wiley & Sons, 2007.

Bower, Chuck, and Frank Frigo. "What Was Coach Thinking?" *New York Times*, February 1, 2009.

Brodie, Richard. *Virus of the Mind: The New Science of the Meme*. Seattle, WA: Integral Press, 1996.

Buchanan, Bruce G., Randall Davis, and Edward A. Feigenbaum. "Expert Systems: A Persective from Computer Science." In *The Cambridge Handbook of Expertise and Expert Performance*, edited by K. Anders Ericsson, Neil Charness, Paul J. Feltovich, and Robert R. Hoffman, 87–103. Cambridge: Cambridge University Press, 2006.

Buehler, Roger, Dale Griffin, and Michael Ross. "Inside the Planning Fallacy: The Causes and Consequences of Optimistic Time Predictions." In *Heuristics and Biases: The Psychology of Intuitive Judgment*, edited by Thomas Gilovich, Dale Griffin, and Daniel Kahneman, 250–270. Cambridge: Cambridge University

Press, 2002.

Buffett, Warren E. "Chairman's Letter." *Berkshire Hathaway Annual Report to Shareholders*, 1989.

_____. "Chairman's Letter." *Berkshire Hathaway Annual Report to Shareholders*, 1996.

Bulmer, Michael. *Francis Galton: Pioneer of Heredity and Biometry.* Baltimore, MD: The John Hopkins University Press, 2003.

Burger, Jerry M. "Replicating Milgram: Would People Still Obey Today?" *American Psychologist* 64, no. 1 (2009): 1–11.

Camerer, Colin F., Teck-Hua Ho, and Juin-Kuan Chong. "A Cognitive Hierarchy Model of Games." *The Quarterly Journal of Economics* 119, no. 3 (2004): 861–898.

Carlile, Paul R., and Clayton M. Christensen. "The Cycles of Theory Building in Management Research." Harvard Business School Working Paper Series, no. 05–057, 2005.

Chase, Alston. *Playing God in Yellowstone: The Destruction of America's First National Park*. Boston: The Atlantic Monthly Press, 1986.

Chen, Jie, James S. Thorp, and Ian Dobson. "Cascading Dynamics and Mitigation Assessment in Power System Disturbances Via a Hidden Failure Model." *Electrical Power and Energy Systems* 27 (2005): 318–326.

Chi, Michelene T. H., Robert Glaser, and Marshall Farr, eds. *The Nature of Expertise.* Hillsdale, NJ: Lawrence Erlbaum Associates, 1988.

Christensen, Clayton M. *The Innovator's Dilemma: When New Technologies Cause Great Companies to Fail.* Boston: Harvard Business School Press, 1997.

Christensen, Clayton M., Matt Verlinden, and George Westerman. "Disruption, Disintegration and the Dissipation of Differentiability." *Industrial and Corporate Change* 11, no. 5 (2002): 955–993.

Chun, Marvin M., and René Marois. "The Dark Side of Visual Attention." *Current Opinion in Neurobiology* 12, no. 2 (2002): 184–189.

Cialdini, Robert B. *Influence: The Psychology of Persuasion.* Rev.

ed. New York: Quill, 1993.

Clauset, Aaron, and Maxwell Young. "Scale Invariance in Global Terrorism." *arXiv physics*, May 1, 2005.

Collins, Jim. *Good to Great: Why Some Companies Make the Leap ··· and Others Don't*. New York: Harper Business, 2001.

Colvin, Geoff. *Talent is Overrated: What Really Separates World-Class Performers from Everybody Else*. New York: Portfolio, 2008.

Cootner, Paul H., ed. *The Random Character of Stock Market Prices*. Cambridge: MIT Press, 1964.

Cootner, Paul H. "Comments on The Variation of Certain Speculative Prices." In *The Random Character of Stock Market Prices*, edited by Paul H. Cootner, 413–418. Cambridge: MIT Press, 1964.

Copeland, Tom, Tim Koller, and Jack Murrin. *Valuation: Measuring and Managing the Value of Companies*, 3rd ed. New York: John Wiley & Sons, 2000.

Cowgill, Bo, Justin Wolfers, and Eric Zitzewitz. "Using Prediction Markets to Track Information Flows: Evidence from Google." Working paper, 2008.

Cutler, David M., James M. Poterba, and Lawrence H. Summers. "What Moves Stock Prices ?" *The Journal of Portfolio Management*, 15, no. 3 (Spring 1989): 4–12.

Dallard, Pat, Tony Fitzpatrick, Anthony Flint, Angus Low, Roger Ridsdill Smith, Michael Willford, and Mark Roche. "London Millennium Bridge: Pedestrian- Induced Lateral Vibration." *Journal of Bridge Engineering* 6, no. 6 (2001): 412–417.

Dalton, Rex. "Quarrel Over Book Leads to Call For Misconduct Inquiry." *Nature* 431 (October 21, 2004): 889.

Damasio, Antonio. *The Feeling of What Happens: Body and Emotion in the Making of Consciousness*. New York: Harcourt Brace & Com any, 1999.

Dawes, Robyn M., David Faust, and Paul E. Meehl. "Clinical versus Actuarial Judgment." In *Heuristics and Biases: The Psychology of Intuitive Judgment*, edited by Thomas Gilovich, Dale Griffin, and Daniel Kahneman, 716–729. Cambridge:

Cambridge University Press, 2002.

Dawkins, Richard. *The God Delusion.* Boston: Houghton Mifflin Company, 2006.

Deber, Raisa B. "Physicians in Health Care Management: The Patient-Physician Partnership: Decision Making, Problem Solving and the Desire to Participate." *Canadian Medical Association* 151, no. 4 (1994): 423–427.

Denrell, Jerker. "Why Most People Disapprove of Me: Experience Sampling in Impression Formation." *Psychological Review* 112, no. 4 (2005): 951–978.

DeVany, Arthur. *Hollywood Economics: How Extreme Uncertainty Shapes the Film Industry.* New York: Routledge, 2004.

Diamond, Jared. *Collapse: How Societies Choose to Fail or Succeed.* New York: Viking, 2005.

Dixit, Avinash K., and Barry J. Nalebuff. *The Art of Strategy: A Game Theorist's Guide to Success in Business and Life* New York: W.W. Norton & Company, 2008.

Drucker, Peter F. *Management Challenges for the 21st Century.* New York: HarperBusiness, 1999.

Duke, Annie. *Testimony before the House Committee on the Judiciary.* November 14, 2007.

Duncker, Karl. "On Problem Solving." *Psychological Monographs* 58, no. 270 (1945).

Dvorak, Phred. "Best Buy Taps 'Prediction Market.'" *Wall Street Journal*, September 16, 2008.

Dye, Renée. "The Promise of Prediction Markets: A Roundtable." *The McKinsey Quarterly*, no. 2 (2008): 83–93.

Eguiluz, Victor M., and Martin G. Zimmerman. "Transmission of Information and Herd Behavior: An Application to Financial Markets." *Physical Review Letters* 85, no. 26 (2000): 5659–5662.

Ehrlich, Paul, and Brian Walker. "Rivets and Redundancy." *BioScience* 48, no. 5 (1998): 387.

Eisenhardt, Kathleen M., and Donald N. Sull. "Strategy as Simple Rules." *Harvard Business Review*, January 2001, 107–116.

Ellenberg, Jordan. "The Netflix Challenge: This Psychologist

Might Outsmart the Math Brains Competing for the Netflix Prize." *Wired Magazine*, March, 2008, 114–122.

Epley, Nicholas, and Thomas Gilovich. "The Anchoring-and-Adjustment Heuristic: Why the Adjustment Are Insufficient." *Psychological Science* 17, no. 4 (2006): 311–318.

Ernst, Cécile, and Jules Angst. *Birth Order: Its Influence on Personality.* Berlin: Springer-Verlag, 1983.

Fauconnier, Gilles, and Mark Turner. *The Way We Think: Conceptual Blending and the Mind's Hidden Complexities.* New York: Basic Books, 2002.

Feltovich, Paul J., Rand J. Spiro, and Richard L. Coulsen. "Issues of Expert Flexibility in Contexts Characterized by Complexity and Change." In *Expertise in Context: Human and Machine*, edited by Paul J. Feltovich, Kenneth M. Ford, and Robert R. Hoffman, Menlo Park, CA, and Cambridge: AAAI Press and MIT Press, 1997.

Festinger, Leon, Henry W. Riecken, and Stanley Schachter. *When Prophecy Fails: A Social and Psychological Study of a Modern Group that Predicted the Destruction of the World.* Minneapolis: University of Minnesota Press, 1956.

Forrester, Jay W. "Counterintuitive Behavior of Social Systems." *Testimony Before the Subcommittee on Urban Growth of the Committee on Banking and Currency, U.S. House of Representatives*, October 7, 1970.

Freese, Jeremy, Brian Powell, and Lala Carr Steelman. "Rebel Without a Cause or Effect: Birth Order and Social Attitudes." *American Sociological Review* 64, no. 2 (1999): 207–231.

French, Kenneth R. "Presidential Address: The Cost of Active Investing." *The Journal of Finance* 63, no. 4 (2008): 1537–1573.

Freymuth, Angela K., and George F. Ronan. "Modeling Patient Decision-Making: The Role of Base-Rate and Anecdotal Information." *Journal of Clinical Psychology in Medical Settings* 11, no. 3 (2004): 211–216.

Galinsky, Adam D., and Thomas Mussweiler. "First Offers as Anchors: The Role of Perspective-Taking and Negotiator Focus." *Journal of Personality and Social Psychology* 81, no. 4 (2001):

657–669.

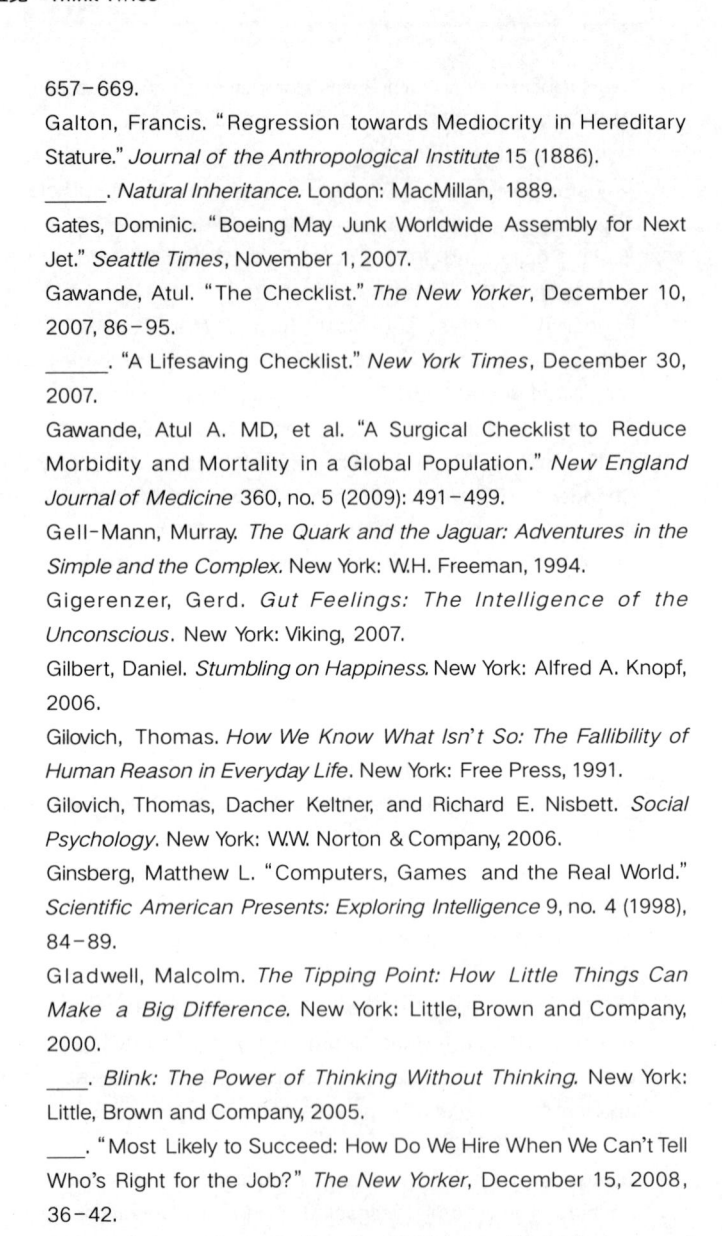

Galton, Francis. "Regression towards Mediocrity in Hereditary Stature." *Journal of the Anthropological Institute* 15 (1886).

_____. *Natural Inheritance.* London: MacMillan, 1889.

Gates, Dominic. "Boeing May Junk Worldwide Assembly for Next Jet." *Seattle Times*, November 1, 2007.

Gawande, Atul. "The Checklist." *The New Yorker*, December 10, 2007, 86–95.

_____. "A Lifesaving Checklist." *New York Times*, December 30, 2007.

Gawande, Atul A. MD, et al. "A Surgical Checklist to Reduce Morbidity and Mortality in a Global Population." *New England Journal of Medicine* 360, no. 5 (2009): 491–499.

Gell-Mann, Murray. *The Quark and the Jaguar: Adventures in the Simple and the Complex.* New York: W.H. Freeman, 1994.

Gigerenzer, Gerd. *Gut Feelings: The Intelligence of the Unconscious.* New York: Viking, 2007.

Gilbert, Daniel. *Stumbling on Happiness.* New York: Alfred A. Knopf, 2006.

Gilovich, Thomas. *How We Know What Isn't So: The Fallibility of Human Reason in Everyday Life.* New York: Free Press, 1991.

Gilovich, Thomas, Dacher Keltner, and Richard E. Nisbett. *Social Psychology.* New York: W.W. Norton & Company, 2006.

Ginsberg, Matthew L. "Computers, Games and the Real World." *Scientific American Presents: Exploring Intelligence* 9, no. 4 (1998), 84–89.

Gladwell, Malcolm. *The Tipping Point: How Little Things Can Make a Big Difference.* New York: Little, Brown and Company, 2000.

_____. *Blink: The Power of Thinking Without Thinking.* New York: Little, Brown and Company, 2005.

_____. "Most Likely to Succeed: How Do We Hire When We Can't Tell Who's Right for the Job?" *The New Yorker*, December 15, 2008, 36–42.

Glaser, Barney G., and Anselm L. Strauss. *The Discovery of*

Grounded Theory: Strategies for Qualitative Research. New Brunswick, NJ: Aldine, 1967.

Gode, Dhananjay K., and Shyam Sunder. "Allocative Efficiency of Markets with Zero Intelligence Traders: Market as a Partial Substitute for Individual Rationality." *The Journal of Political Economy* 101, no. 1 (1993): 119–137.

Golman, Russell, and Scott E. Page, "General Blotto: Games of Allocative Strategic Mismatch," *Public Choice*, 138, no. 3 (2009): 279–299.

Goldsmith, Susan. "Frank's War." *East Bay Express*, April 28, 2004.

Goldstein, Daniel G., Eric J. Johnson, Andreas Herrmann, and Mark Heitmann. "Nudge Your Customers Toward Better Choices." *Harvard Business Review*, December 2008, 99–105.

Gonzales, Laurence. *Deep Survival: Who Lives, Who Dies, and Why.* New York: W.W. Norton & Company, 2003.

———. *Everyday Survival: Why Smart People Do Stupid Things.* New York: W.W. Norton & Company, 2008.

Goodman, Billy. "Thinking about Thinking." *Princeton Alumni Weekly*, January 29, 2003, 26–27.

Goodwin, Doris Kearns. *Team of Rivals: The Political Genius of Abraham Lincoln.* New York: Simon & Schuster, 2005.

Gould, Stephen Jay. *Wonderful Life: The Burgess Shale and the Nature of History.* New York: W.W. Norton & Company, 1989.

———. *Full House: The Spread of Excellence from Plato to Darwin.* New York: Harmony Books, 1996.

Goyal, Amit, and Sunil Wahal. "The Selection and Termination of Investment Management Firms by Plan Sponsors." *The Journal of Finance* 63, no. 4 (2008): 1805–1847.

Graham, John R., Campbell R. Harvey, and Shiva Rajgopal. "Value Destruction and Financial Reporting Decisions." *Financial Analysts Journal* 62, no. 6 (2006): 27–39.

Greenspan, Alan. *Testimony to the Committee of Government Oversight and Reform,* October 23, 2008.

Greenspan, Stephen. "Why We Keep Falling for Financial Scams." *Wall Street Journal*, January 3, 2009.

___. *Annals of Gullibility: Why We Get Duped and How to Avoid It.* Westport, CT: Praeger, 2009.

Groopman, Jerome. *How Doctors Think.* Boston: Houghton Mifflin Company, 2007.

Grove, William M., David H. Zald, Boyd S. Lebow, Beth E. Snitz, and Chad Nelson. "Clinical Versus Mechanical Prediction: A Meta-Analysis." *Psychological Assessment* 12, no. 1 (2 00): 19–30.

Groysberg, Boris, Ashish Nanda, and Nitin Nohria. "The Risky Business of Hiring Stars." *Harvard Business Review*, May 2004: 92–100.

Groysberg, Boris, Lex Sant, and Robin Abrams. "How to Minimize the Risks of Hiring Outside Stars." *Wall Street Journal*, September 22, 2008.

Guerrera, Francesco. "Merrill Losses Wipe Away Longtime Profits." *Financial Times*, August 28, 2008.

Guerrera, Francesco, and Julie MacIntosh. "Luck Played Part in Rohm and Haas Deal." *The Financial Times*, July 10, 2008.

Halberstam, David. *The Education of a Coach.* New York: Hyperion, 2005.

Hamel, Gary, with Bill Breen. *The Future of Management.* Boston: Harvard Business School Press, 2007.

Hansell, Saul. "Google Answer to Filling Jobs Is an Algorithm." *New York Times*, January 3, 2007.

Harris, Judith Rich. *The Nurture Assumption: Why Children Turn Out the Way They Do.* New York: Free Press, 1998.

___. *No Two Alike: Human Nature and Human Individuality.* New York: W.W. Norton & Company, 2006.

Hastie, Reid, and Robyn M. Dawes. *Rational Choice in an Uncertain World.* Thousand Oaks, CA: Sage Publications, 2001.

Hogarth, Robin M. *Educating Intuition.* Chicago: The University of Chicago Press, 2001.

Holland, John H. *Hidden Order: How Adaption Builds Complexity.* Reading, MA: Addison-Wesley, 1995.

Holland, Rob W., Merel Hendriks, and Henk Aarts. "Smells Like Clean Spirit: Nonconscious Effects of Scent on Cognition and

Behavior." *Psychological Science* 16, no. 9 (2005): 689–693.

Horgan, John. *The Undiscovered Mind: How the Human Brain Defies Replication, Medication, and Explanation.* New York: Free Press, 1999.

Hotelling, Harold. "Reviewed work: *The Triumph of Mediocrity in Business* by Horace Secrist." *Journal of the American Statistical Association* 28, no. 184 (1933): 463–465.

Huettel, Scott A., Peter B. Mack, and Gregory McCarthy. "Perceiving Patterns in Random Series: Dynamic Processing of Sequence in Prefrontal Cortex." *Nature Neuroscience* 5, no. 5 (2002): 485–490.

James, William. *The Principles of Psychology*, vol. 1. New York: Henry Holt & Co., 1890.

Janis, Irving. *Groupthink: Psychological Studies of Policy Decisions and Fiascoes.* 2nd ed. Boston: Houghton Mifflin, 1982.

Jensen, Michael C. "The Performance of Mutual Funds in the Period 1945–1964." *The Journal of Finance* 23, no. 2 (1968): 389–416.

Johnson, Eric J., and Daniel Goldstein. "Do Defaults Save Lives?" *Science* 302 (November 21, 2003): 1338–1339.

Johnson, Steven. *Emergence: The Connected Lives of Ants, Brains, Cities, and Software.* New York: Scribner, 2001.

Johnson-Laird, Philip N. *Mental Models.* Cambridge: Harvard University Press, 1983.

———. "Mental Models and Reasoning." In *The Nature of Reasoning*, edited by Jacqueline P. Leighton, and Roert J. Sternberg, 169–204. Cambridge: Cambridge University Press, 2004.

———. *How We Reason.* Oxford: Oxford University Press, 2006.

Kahneman, Daniel. "Maps of Bounded Rationality: A Perspective on Intuitive Judgment and Choice." *Nobel Prize Lecture*, December 8, 2002.

Kahneman, Daniel, and Amos Tversky. "Prospect Theory: An Analysis of Decision Making Under Risk." *Econmetrica* 47, no. 2 (1979): 263–291.

Kahneman, Daniel, and Amos Tversky. "Intuitive Prediction: Biases and Corrective Procedures." In *Judgment Under Uncertainty: Heuristics and Biases*, edited by Daniel Kahneman, Paul Slovic, and Amos Tversky, 414–421. Cambridge: Cambridge University Press, 1982.

Kahneman, Danny. "A Short Course in Thinking about Thinking." *Edge.org*, 2007.

Katz, Elihu, and Paul F. Lazarsfeld. *Personal Influence: The Part Played by People in the Flow of Mass Communications*. New York: Free Press, 1955.

Kaufman, Peter D., ed. *Poor Charlie's Almanack*. Expanded 2nd ed. Virginia Beach, VA: PCA Publication, 2006.

Kelly, J. L., Jr. "A New Interpretation of Information Rate." *Bell System Technical Journal* (1956): 917–926.

Kenny, David A. *Correlation and Causality*. New York: John Wiley & Sons, 1979.

Kepner, Tyler. "With Only 150 Games to Go, Steinbrenner Checks In." *New York Times*, April 18, 2005.

Kerr, Michael E., and Murray Bowen. *Family Evaluation: The Role of the Family as an Emotional Unit that Governs Individual Behavior and Development*. New York: W.W. Norton & Company, 1988.

Kierkegaard, Søren. *The Diary of Søren Kierkegaard*. New York: Carol Publishing Group, 1993.

Klein, Gary. *Sources of Power: How People Make Decisions*. Cambridge: MIT Press, 1998.

———. "Performing a Project Premortem." *Harvard Business Review*, September 2007, 18–19.

Klingberg, Torkel. *The Overflowing Brain: Information Overload and the Limits of Working Knowledge*. New York: Oxford University Press, 2009.

Klinger, David. *Into the Kill Zone: A Cop's Eye View of Deadly Force*. San Francisco: Jossey-Bass, 2004.

Kluger, Jeffrey. *Simplexity: Why Simple Things Become Complex (and How Complex Things Can Be Made Simple)*. New York: Hyperion, 2008.

Kruger, Justin, and David Dunning. "Unskilled and Unaware of It:

How Difficulties in Recognizing One's Own Incompetence Lead to Inflated Self-Assessments." *Journal of Personality and Social Psychology* 77, no. 6 (1999): 1121–1134.

Kuzmits, Frank E., and Arthur J. Adams. "The NFL Combine: Does It Predict Performance in the National Football League?" *The Journal of Strength and Conditioning Research* 22, no. 6 (2008): 1721–1727.

Langer, Ellen J. "The Illusion of Control." *Journal of Personality and Social Psychology* 32, no. 2 (1975): 311–328.

LeBaron, Blake. "Financial Market Efficiency in a Coevolutionary Environment." *Proceedings of the Workshop on Simulation of Social Agents: Architectures and Institutions, Argonne National Laboratory and University of Chicago*, October 2000, Argonne 2001, 33–51.

LeDoux, Joseph. *The Emotional Brain: The Mysterious Underpinnings of Emotional Life.* New York: Touchstone, 1996.

Leinweber, David J. "Stupid Data Miner Tricks: Overfitting the S&P 500." *Journal of Investing*, 16, no. 1 (2007): 15–22.

Leonhardt, David. "Why Doctors So Often Get It Wrong." *New York Times*, February 22, 2006.

Lewis, Michael. *Moneyball: The Art of Winning an Unfair Game.* New York: W.W. Norton & Company, 2003.

———. "The Natural-Catastrophe Casino." *New York Times Magazine*, August 26, 2007.

———. "Wall Street on the Tundra." *Vanity Fair*, April 2009, 140–147, 173–177.

Loewenstein, George F., Elke U. Weber, Christopher K. Hsee, and Ned Welch. "Risk as Feelings." *Psychological Bulletin* 127, no. 2 (2001): 267–286.

Lohr, Steve. "Betting to Improve the Odds." *New York Times,* April 9, 2008.

Lovallo, Dan, and Daniel Kahneman. "Delusions of Success." *Harvard Business Review*, July 2003, 56–63.

Loveman, Gary. "Diamonds in the Data Mine." *Harvard Business Review*, May 2003, 109–113.

Lowenstein, Roger. *When Genius Failed: The Rise and Fall of Long-Term Capital Management.* New York: Random House, 2000.

Lunsford, J. Lynn. "Boeing Scrambles to Repair Problems with New Plane." *Wall Street Journal*, December 7, 2007.

____. "Outsourcing at Crux of Boeing Strike." *Wall Street Journal*, September 8, 2008.

MacGregor, Donald G. "Imagery and Financial Judgment." *The Journal of Psychology and Financial Markets* 3, no. 1 (2002): 15–22.

Mack, Arien, and Irvin Rock. *Inattentional Blindness.* Cambridge: MIT Press, 1998.

MacKenzie, Donald. *An Engine, Not a Camera: How Financial Models Shape Markets.* Cambridge: MIT Press, 2006.

Malhotra, Deepak, and Max H. Bazerman. *Negotiation Genius: How to Overcome Obstacles and Achieve Brilliant Results at the Bargaining Table and Beyond.* New York: Bantam Books, 2007.

Malkiel, Burton G. "Returns from Investing in Equity Mutual Funds 1971–1991." *The Journal of Finance* 50, no. 2 (1995): 549–572.

Malmendier, Ulrike, and Geoffrey Tate. "Superstar CEOs." Working paper 14140, NBER, June 2008.

Mandel, Naomi, and Eric J. Johnson. "When Web Pages Influence Choice: Effects of Visual Prime s on Experts and Novices." *Journal of Consumer Research* 29, no. 2 (2002): 235–245.

Mandelbrot, Benoit. "The Variation of Certain Speculative Prices." In *The Random Character of Stock Market Prices*, edited by Paul H. Cootner, 369–412. Cambridge: MIT Press, 1964.

Mandelbrot, Benoit, and Richard L. Hudson. *The (Mis)Behavior of Markets.* New York: Basic Books, 2004.

March, James G. *A Primer on Decision Making: How Decisions Happen.* New York: Free Press, 1994.

Mauboussin, Michael. "Where Fools Rush In." *Time*, November 4, 2006, A44.

Mauboussin, Michael J. "Common Errors in DCF Models." *Mauboussin on Strategy,* March 23, 2006.

____. "Explaining the Wisdom of Crowds: Applying the Logic of

参考文献

Diversity." *Mauboussin on Strategy*, March 20, 2007.

———. "What Good Are Experts？" *Harvard Business Review*, February 2008, 43–44.

May, Robert M. *Complexity and Stability in Model Ecosystems.* Princeton, NJ: Princeton University Press, 1974.

May, Robert M., Simon A. Levin, and George Sugihara. "Ecology for Bankers." *Nature* 451 (February 21, 2008): 893–895.

Maymin, Philip. "Music and the Market: Song and Stock Market Volatility." Working paper, SSRN, November 4, 2008.

McCloskey, Deirdre N. *If You're So Smart: The Narrative of Economic Expertise.* Chicago: University of Chicago Press, 1990.

McClure, Samuel M., David I Laibson, George Loewsenstein, and Jonathan D. Cohen. "Separate Neural Systems Value Immediate and Delayed Monetary Rewards." *Science* 306 (October 15, 2004): 503–507.

Meehl, Paul E. *Clinical versus Statistical Prediction: A Theoretical Analysis and a Review of the Evidence.* Minneapolis: University of Minnesota Press, 1954.

Merton, Robert K. "The Unanticipated Consequences of Purposive Social Action." *American Sociological Review* 1, no. 6 (1936): 894–904.

Milgram, Stanley. *Obedience to Authority.* New York: Harper & Row, 1974.

Miller, John H., and Scott E. Page. *Complex Adaptive Systems: An Introduction to Computational Models of Social Life.* Princeton, NJ: Princeton University Press, 2007.

Miller, Peter. "The Genius of Swarms." *National Geographic*, July 2007, 126–147.

Minsky, Hyman P. *Stabilizing an Unstable Economy.* New Haven, CT: Yale University Press, 1986.

Mirowski, Philip. *The Effortless Economy of Science?* Durham, NC: Duke University Press, 2004.

Mitchell, Deborah J., J. Edward Russo, and Nancy Pennington. "Back to the Future: Temporal Perspective in the Explanation of Events." *Journal of Behavioral Decision Making* 2, No. 1 (1989):

25–38.

Moore, Don A., Philip E. Tetlock, Lloyd Tanlu, and Max H. Bazerman. "Conflicts of Interest and the Case of Auditor Independence: Moral Seduction and Strategic Issue Cycling." *Academy of Management Review* 31, no. 1 (2006): 10–29.

Morgan, Stephen L., and Christopher Winship, eds. *Counterfactuals and Causal Inference: Methods and Principles for Social Research.* Cambridge: Cambridge University Press, 2007.

Morris, Michael W., and Kaiping Peng. "Culture and Cause: American and Chinese Attributions for Social and Physical Events." *Journal of Personality and Social Psychology* 67, no. 6 (1994): 949–971.

Murphy, Ray, and Rod Truesdell, eds. *Ron Shandler's Baseball Forecaster* 2008. Roanoke, VA: Shandler Enterprises, 2007.

Myers, David G. *Intuition: Its Powers and Perils.* New Haven, CT: Yale University Press, 2002.

Nagel, Rosemarie. "Unraveling in Guessing Games: An Experimental Study." *American Economic Review* 85, no. 5 (1995): 1313–1326.

Nakamoto, Michiyo, and David Wighton. "Citigroup Chief Stays Bullish on Buy-Outs." *The Financial Times*, July 9, 2007.

Newman, M. E. J. "Power Laws, Pareto Distributions and Zipf's Law." *arXiv: cond-mat*, May 29, 2006.

Niesewand, Nonie. "Will Norman Foster and Anthony Caro Cross the Thames in a Blade of Light?" *The Independent*, September 25, 1997.

Nickerson, Raymond S. "Confirmation Bias: A Ubiquitous Phenomenon in Many Guises." *Review of General Psychology* 2, no. 2 (1998): 175–220.

Nisbett, Richard E. *The Geography of Thought: How Asians and Westerners Think Differently … and Why.* New York: Free Press, 2003.

North, Adrian C., David J. Hargreaves, and Jennifer McKendrick. "In-store Music Affects Product Choice." *Nature* 390 (November 13, 2007): 13.

Nocera, Joe. "On Oil Supply, Opinions Aren't Scarce." *New York*

参考文献

Times, September 10, 2005.

Northcraft, Gregory B., and Margaret A. Neale. "Experts, Amateurs, and Real Estate: An Anchoring-and-Adjustment Perspective on Property Pricing Decisions." *Organizational Behavior and Human Decision Processes* 39, no. 1 (1987): 84–97.

O'Halloran, Ryan. "A 'Foregone Conclusion'?" *Washington Times*, May 30, 2008. Page, Scott E. "Path Dependence," *Quarterly Journal of Political Science* 1, no. 1(2006): 87–115.

———. *The Difference: How the Power of Diversity Creates Better Groups, Firms, Schools, and Societies.* Princeton, NJ: Princeton University Press, 2007.

Paulos, John Allen. *A Mathematician Reads the Newspaper.* New York: Basic Books, 1995.

Pearl, Judea. *Causality: Models, Reasoning, and Inference.* Cambridge: Cambridge University Press, 2000.

Pedulla, Tom. "Big Brown Makes His Run at Immortality." *USA Today*, June 6, 2008.

Perrow, Charles. *Normal Accidents: Living with High-Risk Technologies.* Princeton, NJ: Princeton University Press, 1999.

Pierson, Paul. *Politics in Time: History, Institutions, and Social Analysis.* Princeton, NJ: Princeton University Press, 2004.

Pinker, Steven. *How the Mind Works.* New York: W.W Norton & Company, 1997.

———. *The Blank Slate: The Modern Denial of Human Nature.* New York: Viking, 2002.

Plassmann, Hilke, John O'Doherty, Baba Shiv, and Antonio Rangel. "Marketing Actions Can Modulate Neural Representations of Experienced Pleasantness." *Proceedings of the National Academy of Sciences* 105, no. 3 (2008): 1050–1054.

Plott, Charles R., and Vernon L. Smith, eds. *Handbook of Experimental Economics Results:* vol. 1. Amsterdam: North-Holland, 2008.

Poundstone, William. *Fortune's Formula: The Untold Story of the Unscientific Betting System That Beat the Casinos and Wall Street.* New York: Hill and Wang, 2005.

Pronovost, Peter. "Testimony before Government Oversight Committee," April 16, 2008.

Rappaport, Alfred, and Michael J. Mauboussin. *Expectations Investing: Reading Stock Prices for Better Returns.* Boston: Harvard Business School Press, 2001.

Reason, James. *Human Error.* Cambridge: Cambridge University Press, 1990.

Redelmeier, Donald A., Paul Rozin, and Daniel Kahneman. "Understanding Patients' Decisions: Cognitive and Emotional Perspectives." *The Journal of the American Medical Association* 270, no. 1 (1993): 72–76.

Roberson, Brian. "The Colonel Blotto Game." *Economic Theory* 29, no. 1 (2006): 1–24.

Roese, Neal J., and James M. Olsen, eds. *What Might Have Been: The Social Psychology of Counterfactual Thinking.* Mahwah, NJ: Lawrence Erlbaum Associates, 1994.

Romer, David. "Do Firms Maximize？ Evidence from Professional Football." *The Journal of Political Economy* 114, no. 2 (2006): 340–365.

Rosenbaum, Paul R. *Observational Studies*, 2nd ed. New York: Springer, 2002.

Rosenzweig, Phil. *The Halo Effect … and the Eight Other Business Delusions That Deceive Managers.* New York: Free Press, 2007.

———. "The Halo Effect and Other Managerial Delusions." *The McKinsey Quarterly*, no. 1 (February 2007): 77–85.

Ross, Lee. "The Intuitive Psychologist and His Shortcomings." In *Advances in Experimental Social Psychology*, edited by Leonard Berkowitz, 173–220. New York: Academic Press, 1977.

Russell, Bertrand. *The Problems of Philosophy.* Oxford: Oxford University Press, 1959.

Russo, J. Edward, and Paul J. H. Schoemaker. *Winning Decisions: Getting It Right the First Time.* New York: Doubleday, 2002.

Salganik, Matthew J., Peter Sheridan Dodds, and Duncan J. Watts. "Experimental Study of Inequality and Unpredictability in an Artificial Cultural Market." *Science* 311 (February 10, 2006): 854–

856.

Salmon, Felix. "Recipe for Disaster: The Formula That Killed Wall Street." *Wired Magazine*, March 2009, 74-79, 112.

Sapolsky, Robert M. *Why Zebras Don't Get Ulcers: An Updated Guide to Stress, Stress-Related Disease, and Coping.* New York: W.H. Freeman and Company, 1994.

Schelling, Thomas C. *Micromotives and Macrobehavior.* New York: W.W. Norton & Company, 1978.

Schultz, Steven. "Freshman Learn About Thinking from Nobel Laureate." *Princeton Weekly Bulletin* 94, no. 3 (2004).

Secrist, Horace. *The Triumph of Mediocrity in Business.* Evanston, IL: Bureau of Business Research Northwestern University, 1933.

Seeley, Thomas D. *The Wisdom of the Hive.* Cambridge: Harvard University Press, 1995.

Seeley, Thomas D., P. Kirk Visscher, and Kevin M. Passino. "Group Decision Making in Honey Bee Swarm ." *American Scientist* 94, no. 3 (2006): 220-229.

Seeley, Thomas D., and P. Kirk Visscher. "Sensory Coding of Nest-site Value in Honeybee Swarms." *The Journal of Experimental Biology* 211, no. 23 (2008): 3691-3697.

Shannon, B., J. Peacock, and M. J. Brown. "Body fatness, television viewing and calorie-intake of a sample of Pennsylvania sixth grade children." *Journal of Nutrition Education* 23, no. 6 (1991): 262-268.

Shapiro, Carl, and Hal Varian. *Information Rules: A Strategic Guide to the Network Economy.* Boston: Harvard Business School Press, 1998.

Shefrin, Hersh. *Behavioral Corporate Finance: Decisions That Create Value.* New York: McGraw-Hill, 2007.

Simon, Herbert A. "The Architecture of Complexity." *Proceedings of the American Philosophical Society* 106, no. 6 (1962): 467-482.

____. *The Sciences of the Artificial,* 3rd ed. Cambridge: MIT Press, 1996.

Simons, Daniel J., and Christopher F. Chabris. "Gorillas in Our Midst: Sustained Inattentional Blindness for Dynamic Events."

Perception 28, no. 9 (1999): 1059–1074.

Sirower, Mark L. *The Synergy Trap: How Companies Lose the Acquisition Game.* New York: Free Press, 1997.

Slovic, Paul, Melissa Finucane, Ellen Peters, and Donald G. MacGregor. "The Affect Heuristic." In *Heuristics and Biases: The Psychology of Intuitive Judgment*, edited by Thomas Gilovich, Dale Griffin, and Daniel Kahneman,397–420. Cambridge: Cambridge University Press, 2002.

Smith, Douglas W., and Gary Ferguson. *Decade of the Wolf: Returning the Wild to Yellowstone.* Guilford, CT: The Lyons Press, 2005.

Smith, Vernon L. *Rationality in Economics: Constructivist and Ecological Forms.* Cambridge: Cambridge University Press, 2008.

Sornette, Didier. *Why Stock Markets Crash: Critical Events in Complex Financial Systems.* Princeton, NJ: Princeton University Press, 2003.

Stanovich, Keith E. *What Intelligence Tests Miss: The Psychology of Rational Thought.* New Haven, CT: Yale University Press, 2009.

Stecklow, Steve, and Diya Gullapalli. "A Money-Fund Manager's Fateful Shift." *Wall Street Journal*, December 8, 2008.

Steinwald, A. Bruce. "Primary Care Professionals: Recent Supply Trends, Projections, and Valuation of Services." *Testimony Before the Committee on Health Education, Labor, and Pensions, U.S. Senate*, February 12, 2008.

Sterman, John D. *Business Dynamics: Systems Thinking and Modeling for a Complex World.* Boston: Irwin McGraw-Hill, 2000.

Sterman, John D., and Linda Booth Sweeney. "Managing Complex Dynamic Systems: Challenge and Opportunity for Naturalistic Decision-Making Theory." In *How Professionals Make Decisions*, edited by Henry Montgomery, Raanan Lipshitz, and Berndt Brehmer, 57–90. Mahway, NJ: Lawrence Erlbaum Associates, 2005.

Stigler, Stephen M. *The History of Statistics: The Measurement of Uncertainty before* 1990. Cambridge: Harvard University Press, 1986.

———. *Statistics on the Table: The History of Statistical Concepts and Methods*. Cambridge: Harvard University Press, 1999.

———. "Milton Friedman and Statistics." In *The Collected Writings of Milton Friedman*, edited by Robert Leeson. New York: Routledge, forthcoming.

Strogatz, Steven. *Sync: The Emerging Science of Spontaneous Order.* New York: Hyperion, 2003.

Strogatz, Steven H., Daniel M. Abrams, Allan McRobie, Bruno Eckhardt, and Edward Ott. "Crowd Synchrony on the Millennium Bridge." *Nature* 483 (November 3, 2005): 43–44.

Sudjic, Deyan. *Blade of Light: The Story of London's Millennium Bridge.* London: Penguin Books, 2001.

Sulloway, Frank J. *Born to Rebel: Birth Order, Family Dynamics, and Creative Lives.* New York: Pantheon, 1996.

Sunder, Shyam. "Relationship Between Accounting Changes and Stock Prices: Problems of Measurement and Some Empirical Evidence." *Journal of Accounting Research: Empirical Research in Accounting: Selected Studies* 1973 11 (1973): 1–45.

Sunstein, Cass R. *Why Societies Need Dissent.* Cambridge: Harvard University Press, 2003.

———. *Infotopia: How Many Minds Produce Knowledge.* Oxford: Oxford University Press, 2006.

Surowiecki, James *The Wisdom of Crowds: Why the Many Are Smarter Than the Few and How Collective Wisdom Shapes Business, Economies, Societies, and Nations.* New York: Doubleday and Company, 2004.

———. "Did Lehman Brothers' Failure Matter?" *The New Yorker. com*, March 9, 2009.

Taleb, Nassim Nicholas. *Fooled by Randomness: The Hidden Role of Chance in Life and in the Markets*, 2nd ed. New York: Thomson Texere, 2004.

———. *The Black Swan: The Impact of the Highly Improbable.* New York: Random House, 2007.

Tavris, Carol, and Elliot Aronson, *Mistakes Were Made (but not by me): Why We Justify Foolish Beliefs, Bad Decisions, and Hurtful Acts* Orlando, FL: Harcourt, Inc., 2007.

Taylor, Shelley E., and Jonathan D. Brown. "Illusion and Well-Being: A Social Psychological Perspective on Mental Health." *Psychological Bulletin* 103, no. 2 (1988): 193–210.

Tetlock, Philip E. *Expert Political Judgment: How Good Is It ? How Can We Know ?* Princeton, NJ: Princeton University Press, 2005.

Thaler, Richard H. "Anomalies: The Winner's Curse." *The Journal of Economic Perspectives* 2, no. 1 (1988): 191–202.

———. "Anomalies: The Ultimatum Game." *The Journal of Economic Perspectives* 2, no. 4 (1988): 195–206.

———. "From Homo Economicus to Homo Sapiens." *The Journal of Economic Perspectives* 14, no. 1 (2000): 133–141.

Thaler, Richard H., and Cass R. Sunstein. *Nudge: Improving Decisions About Health, Wealth, and Happiness.* New Haven, CT: Yale University Press, 2008.

Thompson, Clive. "If You Liked This, You're Sure to Love That." *New York Times Magazine*, Novebmer 23, 2008.

Thorndike, Edward L. "A Constant Error in Psychological Ratings." *Journal of Applied Psychology* 4, no. 1 (1920): 469–477.

Thorp, Edward O. *The Mathematics of Gambling.* Hollywood, CA: Gambling Times, 1984.

Tilson, Whitney, and Glenn Tongue, *More Mortgage Meltdown: 6 Ways to Profit in These Bad Times*. New York: John Wiley & Sons, 2009.

Tomlinson, Richard, and Paola Hjelt, "Dethroning Percy Barnevik," *Fortune International*, April 1, 2002, 38–41.

Townsend, Frederic. "Birth Order and Rebelliousness: Reconstructing the Research in *Born to Rebel*." *Politics and the Life Sciences* 19, no. 2 (2000): 135–156.

Treynor, Jack L. "Market Efficiency and the Bean Jar Experiment." *Financial Analysts Journal*, May–June 1987, 50–53.

Turner, Mark. *The Literary Mind.* New York: Oxford University Press, 1996. Tversky, Amos, and Daniel Kahneman. "Belief in the Law of Small Numbers." *Psychological Bulletin* 76, no. 2 (1971): 105–110.

———. "Judgment under Uncertainty: Heuristics and Biases" *Science* 185, no. 4157 (1974): 1124–1131.

Tyszka, Tadeusz, and Piotr Zielonka. "Expert Judgments: Financial Analysts Versus Weather Forecasters." *The Journal of Psychology and Financial Markets* 3, no. 3 (2002): 152–160.

Vedantam, Shankar. "Vote Your Conscience. If You Can." *Washington Post*, December 31, 2007, A3.

Waitzkin, Josh. *The Art of Learning: A Journey in the Pursuit of Excellence.* New York: Free Press, 2007.

Wallace, James. "Boeing Executive Faults Some 787 Suppliers." *Seattle Post-Intelligencer,* November 1, 2007.

Watts, Duncan J. "A Simple Model of Global Cascades on Random Networks." *Proceedings of the National Academy of Sciences* 99, no. 9, April 30, 2002:5766–5771.

———. *Six Degrees: The Science of a Connect Age.* New York: W.W. Norton & Company, 2003.

———. "Is Justin Timberlake a Product of Cumulative Advantage?" *New York Times Magazine*, April 15, 2007.

Weinstein, Neil D. "Unrealistic Optimism about Future Life Events." *Journal of Personality and Social Psychology* 39, no. 5 (1980): 806–820.

West, Geoffrey B., and James H. Brown. "Life's Universal Scaling Laws." *Physics Today,* September 2004, 36–42.

Westen, Drew, Pavel S. Blagov, Keith Harenski, Clint Kilts, and Stephan Hamann. "Neural Bases of Motivated Reasoning: An fMRI Study of Emotional Constraints on Partisan Political Judgment in the 2004 U.S. Presidential Election." *Journal of Cognitive Neuroscience* 18, no. 11 (2006): 1947–1958.

Westen, Drew. *The Political Brain: The Role of Emotion in Deciding the Fate of the Nation.* New York: Public Affairs, 2007.

Wiseman, Richard. *Did You Spot the Gorilla? How to Recognize Hidden Opportunities.* London: Random House, 2004.

Wolff, Alexander. "SI Flashback: That Old Black Magic." *Sports Illustrated*, January 21, 2002.

Wolpert, Lewis. *Six Impossible Things Before Breakfast: The Evolutionary Origins of Belief.* New York: W.W. Norton, 2007.

Yariv, Leeat. "I'll See It When I Believe It—A Simple Model of Cognitive Consistency." Discussionpaper no. 1352, Cowles Foundation, February 2002.

Zajonc, R. B., ed. *The Selected Works of R. B. Zajonc.* New York: John Wiley & Sons, 2004.

Zimbardo, Philip. *The Lucifer Effect: Understanding How Good People Turn Evil.* New York: Random House, 2007.

Zweig, Jason. "Do You Sabotage Yourself? Daniel Kahneman Has Done More Than Anyone Else to Explain Why Most of Us Make So Many Mistakes as Investors—And What We Can Do About It." *Money,* May 1, 2001.

———. "Peter Bernstein Interview: He May Know More About Investing than Anyone Alive." *Money*, October 15, 2004, 143–148.

———. *Your Money and Your Brain: How the New Science of Neuroeconomics Can Help Make You Rich.* New York: Simon & Schuster, 2007.

未来，属于终身学习者

我这辈子遇到的聪明人（来自各行各业的聪明人）没有不每天阅读的——没有，一个都没有。巴菲特读书之多，我读书之多，可能会让你感到吃惊。孩子们都笑话我。他们觉得我是一本长了两条腿的书。

——查理·芒格

互联网改变了信息连接的方式；指数型技术在迅速颠覆着现有的商业世界；人工智能已经开始抢占人类的工作岗位……

未来，到底需要什么样的人才？

改变命运唯一的策略是你要变成终身学习者。未来世界将不再需要单一的技能型人才，而是需要具备完善的知识结构、极强逻辑思考力和高感知力的复合型人才。优秀的人往往通过阅读建立足够强大的抽象思维能力，获得异于众人的思考和整合能力。未来，将属于终身学习者！而阅读必定和终身学习形影不离。

很多人读书，追求的是干货，寻求的是立刻行之有效的解决方案。其实这是一种留在舒适区的阅读方法。在这个充满不确定性的年代，答案不会简单地出现在书里，因为生活根本就没有标准确切的答案，你也不能期望过去的经验能解决未来的问题。

而真正的阅读，应该在书中与智者同行思考，借他们的视角看到世界的多元性，提出比答案更重要的好问题，在不确定的时代中领先起跑。

湛庐阅读App：与最聪明的人共同进化

有人常常把成本支出的焦点放在书价上，把读完一本书当作阅读的终结。其实不然。

时间是读者付出的最大阅读成本

怎么读是读者面临的最大阅读障碍

"读书破万卷"不仅仅在"万"，更重要的是在"破"！

现在，我们构建了全新的"湛庐阅读"App。它将成为你"破万卷"的新居所。在这里：

- 不用考虑读什么，你可以便捷找到纸书、电子书、有声书和各种声音产品；
- 你可以学会怎么读，你将发现集泛读、通读、精读于一体的阅读解决方案；
- 你会与作者、译者、专家、推荐人和阅读教练相遇，他们是优质思想的发源地；
- 你会与优秀的读者和终身学习者为伍，他们对阅读和学习有着持久的热情和源源不绝的内驱力。

从单一到复合，从知道到精通，从理解到创造，湛庐希望建立一个"与最聪明的人共同进化"的社区，成为人类先进思想交汇的聚集地，与你共同迎接未来。

与此同时，我们希望能够重新定义你的学习场景，让你随时随地收获有内容、有价值的思想，通过阅读实现终身学习。这是我们的使命和价值。

本书阅读资料包
给你便捷、高效、全面的阅读体验

本书参考资料　　　　　　　　　　　　　　　　　湛庐独家策划

- ☑ **参考文献**
  为了环保、节约纸张，部分图书的参考文献以电子版方式提供

- ☑ **主题书单**
  编辑精心推荐的延伸阅读书单，助你开启主题式阅读

- ☑ **图片资料**
  提供部分图片的高清彩色原版大图，方便保存和分享

相关阅读服务　　　　　　　　　　　　　　　　　终身学习者必备

- ☑ **有声书**
  保护视力，随时随地，有温度、有情感地听本书

- ☑ **精读班**
  2~4周，最懂这本书的人带你读完、读懂、读透这本好书

- ☑ **课　程**
  课程权威专家给你开书单，带你快速浏览一个领域的知识概貌

- ☑ **讲　书**
  30分钟，大咖给你讲本书，让你挑书不费劲

湛庐编辑为你独家呈现
助你更好获得书里和书外的思想和智慧，请扫码查收！

（阅读资料包的内容因书而异，最终以湛庐阅读App页面为准）

Think Twice by Michael J. Mauboussin.

Original work copyright © 2009 by Michael J. Mauboussin.

Published by arrangement with Harvard Business Review Press.

Unauthorized duplication or distribution of this work constitutes copyright infringement.

本书中文简体字版由 Harvard Business Review Press 授权在中华人民共和国境内独家出版发行。未经出版者书面许可，不得以任何方式抄袭、复制或节录本书中的任何部分。

版权所有，侵权必究。

图书在版编目（CIP）数据

反直觉 /（美）迈克尔·J. 莫布森著；刘晓旭译. -- 杭州：浙江教育出版社，2021.10
ISBN 978-7-5722-2429-4

Ⅰ. ①反… Ⅱ. ①迈… ②刘… Ⅲ. ①决策学－通俗读物 Ⅳ. ①C934-49

中国版本图书馆CIP数据核字(2021)第197741号

浙江省版权局
著作权合同登记号
图字：11-2021-185号

上架指导：行为决策 / 商业

版权所有，侵权必究
本书法律顾问　北京市盈科律师事务所　崔爽律师
　　　　　　　　　　　　　　　　　　张雅琴律师

反直觉
FANZHIJUE

[美] 迈克尔·J. 莫布森（Michael J. Mauboussin） 著
刘晓旭　译

责任编辑：高露露
美术编辑：韩　波
封面设计：ablackcover.com
责任校对：刘晋苏
责任印务：沈久凌

出版发行	浙江教育出版社（杭州市天目山路40号　电话：0571-85170300-80928）
印　　刷	唐山富达印务有限公司
开　　本	880mm×1230mm　1/32
印　　张	8.75
版　　次	2021年10月第1版
书　　号	ISBN 978-7-5722-2429-4

字　　数：189千字
印　　次：2021年10月第1次印刷
定　　价：69.90元

如发现印装质量问题，影响阅读，请致电010-56676359联系调换。